In dieser Reihe sind bereits erschienen:

Störtebeker Weg

Hermannsweg – Teutoburger Wald

Anita Behrens-Liesen

Harzer Hexenstieg

Wanderbericht

BoD – Books on Demand

Bibliografische Information der Deutschen Nationalbibliothek:
Die Deutsche Nationalbibliothek verzeichnet diese
Publikation in der Deutschen Nationalbibliografie; detaillierte
bibliografische Daten sind im Internet über dnb.dnb.de
abrufbar.

2. Auflage 2019
©2018 Anita Behrens-Liesen
Herstellung und Verlag:
BoD – Books on Demand, Norderstedt
ISBN: 978-3-7460-7862-5

Der Harzer Hexenstieg - die kleine Hexe zog mich mit dem ersten Schritt in ihren Bann

Vom 31.08.2015 bis zum 04.09.2015 bin ich allein mit meinem 10 kg schweren Rucksack auf dem Harzer Hexenstieg unterwegs gewesen. Seit mehr als einem Jahr habe ich mich mit dem Gedanken getragen, einen Fernwanderweg zu gehen. Da ich mich zu den Wanderanfängern zähle und bislang lediglich einige kurze Wanderungen in Norddeutschland und den Niederlanden durchgeführt habe, ist die Entscheidung zugunsten eines Weges in einem deutschen Mittelgebirge ausgefallen.

Mal schauen, ob ich mein Vorhaben realisieren und den Harz in 5 Tagen von West nach Ost durchqueren kann. Sollte ich es nicht schaffen, besteht jederzeit die Möglichkeit mit dem Bus und Zug zurückzufahren. Aber diesen Gedanken verwerfe ich ganz schnell: noch nicht einmal begonnen und schon an Abbruchmöglichkeiten denken? Nein, das geht gar nicht.

Der Beginn

Mit der Bahn reise ich am 31. August nach Osterode im Westen des Harzes. Dort beginnt der Hexenstieg an der Bleichestelle und führt über eine Länge von ca. 95 km bis nach Thale im Ostharz. Dabei überquert er auf der Originalroute den höchsten Berg Norddeutschlands mit einer Höhe von 1141 m über NN, den Brocken. Es gibt zwei etwas einfacher gestaltete Alternativrouten. Sie unterscheiden sich durch wesentlich geringere Höhenunterschiede von der Hauptroute. Diese werde ich nicht nutzen, sondern mich an dem Hauptweg versuchen. Nach meinem Ausstieg am Bahnhof Osterode-Mitte beginnt meine Wanderung.

Etappe 1: Von Osterode nach Buntenbock

Für mein Vorhaben benötige ich noch ordentliches Kartenmaterial. Die Recherchen im Internet haben ergeben, dass die Karte des Harzer Hexenstieges von KartoGuide mit einem Maßstab von 1 : 30000 sehr gute Kritiken erhalten hat. Es handelt sich dabei um den offiziellen Wanderführer, der vom Harzer Tourismusverband und dem Harzklub e.V. herausgegeben wurde. Diesen will ich mir im örtlichen Touristeninfozentrum besorgen.

Ich laufe erst einmal Richtung Ortsmitte, denn dort wird es ein solches Zentrum geben , vermute ich. Als ich die Fußgängerzone von Osterode erreiche, zeigt auch bereits ein entsprechendes Hinweisschild in dessen Richtung. Aber keines der Häuser, die ich in dieser Richtung ausmache, beinhaltet das gesuchte Büro. Schließlich frage ich eine Dame, welche auf einer Bank ihre Mittagspause genießt.

„ Oh, die Touristeninformation liegt ein wenig versteckt hinter der alten Stadtmauer. Es ist nicht allzu weit von hier. Ich werde Sie einfach dorthin begleiten", erläutert sie mir freundlich, springt auf und geht vor mir her durch eine kleine Gasse.

Schon kommt die von ihr erwähnte Stadtmauer in Sicht. Wir gehen durch ein kleines Tor und rechts dahinter, in einigen Metern Entfernung, prangt ein

Schild mit dem großen typischen „I" für Touristeninformation an einem einladenden Gebäude.

„ Viel Glück auf dem Hexenstieg" ruft sie mir noch zu, dreht sich um und ist verschwunden.

Ich erhalte das gewünschte Kartenmaterial und dazu noch eine Liste mit Hotels, Pensionen und Campingplätzen am bzw. in der Nähe des Hexenstieges. Man erklärt mir den Weg zur Bleichestelle, dem Beginn meines Wanderweges und los geht es.

Ich lasse das Rathaus, ein wunderschönes Fachwerkgebäude, zu meiner Linken liegen, gehe einige Meter geradeaus, überquere dann eine Brücke, die einen Bach überspannt, gehe durch einen Kreisverkehr und folge, nach rechts gewandt, der Scheerenberger Straße. Ich frage dort nochmals eine ältere Dame, die mit Einkaufstüten beladen eine Pause eingelegt hat, nach dem Weg. Die Straße steigt jetzt leicht an.

„Ich gehe in die gleiche Richtung. Sie können mit mir mitgehen", kommt es von ihr, wobei sie schwer atmet. „Wollen Sie den kompletten Hexenstieg gehen?", fragt sie überrascht als sie meinen nicht gerade kleinen Rucksack betrachtet und erzählt mir dann, dass sie in früheren Jahren auch gerne mit ihrem Lebenspartner Reisen unternommen hat.

„ Jetzt bin ich allein und kann es aus gesundheitlichen Gründen leider nicht mehr machen", kommt es traurig von ihr. Sie bleibt stehen und deutete nach links über die Straße.

„Dort drüben beginnt der Hexenstieg. Sie müssen immer geradeaus auf dem Hundscher Weg laufen. Viel Glück".

Dann geht sie weiter. Schon das 2. Mal, dass mir jemand so freundlich den Weg erklärt und mir Glück wünscht. Besser kann mein kleines Abenteuer nicht beginnen.

Harzer Hexenstieg von Osterode bis Thale

Die kleine weiße Hexe wird mich in den nächsten Tagen (hoffentlich immer) auf meinem Weg begleiten. Zunächst gehe ich in freudiger Erwartung zwischen den Wohnhäusern am Ortsrand von Osterode auf dem Hundscher Weg, der hier noch eine ganz normale Straße mit Bürgersteig ist. Allerdings ist die Steigung hier deutlich in den Beinen zu spüren. Am Ortsrand wird aus der Asphaltstraße ein Schotterweg, der weiterhin rasant ansteigt. Bis zu meiner ersten geplanten Rast, dem Eselsplatz, sind es ca. 3 km und der Höhenunterschied beträgt laut Führer auf diesem Teilstück 240 m. Der Weg führt zwischen Wiesen und Äckern hindurch, immer bergan. Bei den gemeldeten Temperaturen von 32 Grad Celsius, und die haben wir mit Sicherheit erreicht, komme ich sehr schnell ins Schwitzen.

Kurz vor Erreichen der Waldgrenze befindet sich linker Hand ein Hinweisschild, welches den Wanderer darauf aufmerksam macht, dass auch der deutsche Dichter Heinrich Heine diesen Weg beschritten hat. Seine Erlebnisse hat er in dem Werk „ Die Harzreise" 1824 nieder geschrieben. Heine wanderte als Student von Göttingen bis Ilsenburg und hat dabei den Harz von Süd nach Nord durchquert.

Ich war gespannt, wie sich vor nahezu 200 Jahren dieses Abenteuer entwickelt hat und habe mir nach meiner Wanderung das Buch gekauft. Das Lesen hat sich für mich gelohnt.

Nach einigen Metern liegt links am Weg eine Töpferei, dessen Inhaber mit verschiedenen bunten Gefäßen im Garten auf sich aufmerksam macht. Endlich führt mein Pfad in den Wald hinein.

Bei den heutigen Temperaturen bin ich froh, jetzt im Schatten der Bäume weitergehen zu können. Der Hexenstieg ist immer noch ein relativ breiter Wanderweg mit einem gut begehbaren Sand- und leichtem Schotteruntergrund. Ich höre nur noch meine Schritte, Vogelgezwitscher und keine Motorengeräusche von PKW oder LKW mehr. Ich kämpfe mich, dem Weg folgend, weiter empor. Die ungewohnte und für einen Flachländer wie mich relativ starke Steigung macht mir zu schaffen. Von Vorteil ist, dass der Hexenstieg sich in leichten Windungen nach oben bewegt, sodass ich immer bis zur nächsten Biegung schauen kann, aber nie ein Ziel in weiter Entfernung verfolgen muss. Plötzlich registriere ich einen besonderen Geruch: Brombeere. Bei näherem Hinschauen entdecke ich überall am Wegesrand Brombeerbüsche mit zum Teil reifen Früchten. So intensiv habe ich diesen Geruch noch nie erlebt.

Brombeeren, die zum Naschen einladen.

Auf halber Strecke zum Eselsplatz begegne ich einem besonderen Wesen. Links von mir taucht eine Köhlerfrau auf, welche eine 40 kg schwere Kiepe trägt. Leider kann sie mir nicht sagen, wie sie tagein und tagaus diese Leistung bewältigt hat. Es handelt sich bei der Köhlerfrau um eine wunderbare Holzfigur. Im Vergleich dazu trage ich nur ¼ dieser Last. Die Frauen haben vor Jahrhunderten auf diese Art und Weise ihre Männer bei der Arbeit in den Bergen versorgt. Immer noch diese Leistung bewundernd setze ich meinen Weg fort.

Ich weiß jetzt noch nicht, dass ich in einigen Tagen noch einmal sehr über die Köhlerfrau schmunzeln werde.

Köhlerfrau am Wundscher Weg

Kurz darauf kommen mir die ersten Wanderer entgegen. Ich sehe ihnen an, dass auch ihnen die Hitze des heutigen Tages zu schaffen macht. Sie haben lediglich den Vorteil, dass sie bergab gehen können. Es kommt ein freundlicher Gruß herüber.

Einige dieser Mitstreiter, denen ich jetzt ab und an begegne, haben Wanderstöcke dabei. Auch ich habe bereits überlegt, ob es mit Wanderstöcken einfacher gehen würde. Aber jetzt ist es eh zu spät. Die hätte ich mir vorher besorgen müssen. In einem Wanderführer habe ich gelesen, dass sie nicht unbedingt für den Harzer Hexenstieg erforderlich sind. Die Autoren dieses Werkes werden hoffentlich Recht behalten.

An einigen Stellen bleibe ich kurz stehen, um ein wenig zu verschnaufen. Dabei genieße ich den Wald um mich herum, die Stille und die kurzen Ausblicke auf die Täler, die sich zeigen.

Dann stehe ich am Eselsplatz mit der ersten Schutzhütte, die von zwei großen hölzernen Eseln bewacht wird.

Eselsplatz - hölzerne Wächter

Die Pause brauche ich jetzt unbedingt. Nachdem ich mein Brötchen gegessen und fast eine Flasche Wasser innerhalb einer halben Stunde getrunken habe, versuche ich mich zu orientieren und den weiteren Weg zu finden. Die Karte zeigt, dass ich mich links halten muss. Doch unmittelbar an der Wegekreuzung finde ich meine kleine Begleiterin nicht. Halblinks verweisen andere Wegezeichen auf weitere Wanderwege.

Plötzlich schreckt mich eine Bewegung aus meinen Überlegungen auf. Ein Mountainbiker kommt in schnellem Tempo an dem Platz vorbeigerast und ist in Sekundenschnelle wieder im Wald verschwunden. Ich sollte künftig zusätzlich auf Biker achten, denke ich mir.

Ich gehe den Weg zurück und sehe mir das letzte Zeichen an. Auch dieses weist nach links. Also gehe ich den Weg, der nach links führt, einige Meter weit und erblicke schließlich erleichtert die kleine weiße Hexe.

Man hätte sie auch etwas näher an der Wegekreuzung anbringen können.

Der Waldweg steigt nun kaum noch an. Ich gehe im Schatten der Nadelbäume weiter, Richtung Marienblick.

Ein angenehmer Wanderweg Richtung Marienblick

Auf diesen Platz wird mehrfach hingewiesen. An einigen sehr schönen Aussichtspunkten stehen Bänke, die den Wanderer zum Verweilen einladen. Ich bleibe nur kurz stehen und erfreue mich an den Aussichten auf entfernt liegende Höhenzüge und kleine Ortschaften in den Tälern. Nachdem ich, konzentriert auf meine Suche nach der kleinen weißen Hexe, die Windungen entlanglaufe, verpasse ich doch tatsächlich den Marienblick (vielleicht habe ich ihn auch nicht als solchen erkannt) und stehe neben dem Mangelhalber

Tor, welches sich rechts neben dem Hexenstieg befindet. Der Weg vom Eselsplatz bis hierher war ein Spaziergang auf sandigem Waldboden im Vergleich zu dem ersten anstrengenden Anstieg.

Im entspannten Wandermodus geht es weiter. Die Höhenunterschiede sind jetzt leichter zu bewältigen. Immer wieder kommen mir Tageswanderer, was ich aufgrund des geringen Gepäcks vermute, auf diesem Teilabschnitt entgegen. Es sind sogar Kinder dabei, die den Weg auf diesem Teilstück ohne Mühe mit ihren Eltern gehen können.

Einige Kilometer vor meinem Etappenziel Buntenbock verlässt der Harzer Hexenstieg den Hundscher Weg. Jetzt geht es auf einem schmalen Waldweg über Baumwurzeln und kürzere steile Anstiege hinauf. Teilweise muss ich sogar ein wenig klettern. Über diese Anforderungen bin ich erfreut. Sie bieten mir eine Abwechslung und richten meine Konzentration wieder auf den Weg. Immer wieder suche ich meine Begleiterin und finde sie im richtigen Augenblick. Der Hexenstieg ist auf diesem Teilabschnitt gut ausgezeichnet. Das ist auch notwendig, denn der Weg ist an einigen Stellen als solcher kaum zu erkennen, wenn es auf weichem Waldboden zwischen Bäumen und Sträuchern hindurch geht.

Nach einiger Zeit lichtet sich der Wald und rechts vor mir liegt eine Ausbuchtung des Bärenbrucher Teiches.

Der Weg ist hier wieder eben und besteht aus einer gut begehbaren Gras-/Sandmischung. Er führt als Damm zwischen Ziegenberger und Bärenbrucher Teich hindurch. Die zweite Schutzhütte lädt vor dem Passieren dieses Durchganges zu einer Pause ein.

Als ich gerade dabei bin, dort meinen Weg anhand der Karte zu überprüfen, kommt ein junges Paar auf mich zu und fragt mich doch tatsächlich nach dem Harzer Hexenstieg Richtung Osterode. Begeistert teile ich meine, in den letzten Stunden gemachten Erfahrungen mit. Während die junge Frau, mit einem Fotoapparat bewaffnet, zu den Teichen geht und Fotos schießt, bleibt der Mann bei mir stehen und beginnt zu erzählen.

„Vor einigen Jahren habe ich auch mehrtägige Wanderungen unternommen. Einmal habe ich sogar einen Weg in den Alpen genommen. Der war echt schwierig. Heute bin ich froh, wenn ich eine Tageswanderung durchhalte".

Fragend schaue ich ihn an und er berichtet weiter: „Ich wurde von eine Zecke gebissen und bin an Borreliose erkrankt. Doch das ist nicht auf meinen Wanderungen passiert, sondern in einem Wald im Ruhrgebiet, meiner alten Heimat. Jahrelang habe ich Antibiotika nehmen müssen, da das Immunsystem durch die Erkrankung sehr angeschlagen war. Aber ich freue mich, dass ich langsam wieder mit dem Wandern beginnen kann. Vielleicht schaffe ich eines Tages ja auch einmal wieder längere Touren".

Voller Optimismus schaut er mir ins Gesicht. Die schulterlangen, dunklen, lockigen Haare sind von zahlreichen grauen Strähnen durchzogen. Vielleicht eine Folge der Erkrankung? Ich schätze sein Alter auf Anfang bis Mitte dreißig. Ich bewundere seine positive Einstellung und wir wünschen uns alles Gute, verabschieden uns und ich setze meinen Weg fort. Seine Freundin, wie er mir soeben mitgeteilt hat, kommt mir entgegen und grüßt ebenfalls noch einmal freundlich zum Abschied. Ich habe keine Gelegenheit, noch weiter über diese Begegnung nachzudenken. Schon erfordert der Hexenstieg wieder meine ganze Aufmerksamkeit.

Es kommen mir einige Personen, zum Teil mit Hunden, entgegen, die die Teiche bei diesem herrlichen Spätsommerwetter zum Baden nutzen. Schließlich mündet der Hexenstieg auf einen breiten Schotterweg. Ich muss mich rechts halten und stehe schließlich vor einem Schlagbaum. Hier kreuzt eine Asphaltstraße in einer 90 Gradkurve meinen Wanderweg. Dort finde ich das Hinweisschild auf den Campingplatz Prahljust. Gleich daneben soll sich die Pension Rübezahl, mein 1. Etappenziel, befinden. Ich laufe ca. 300m in die angegebene Richtung und stehe fast direkt vor meinem Zielort.

Es ist jetzt 16.30 Uhr und ich muss noch etwa eine Stunde warten, bis die Pension öffnet. Der Inhaber hat mir zwar eine Handynummer gegeben, auf der ich ihn bereits jetzt erreichen könnte. Ich setze mich jedoch auf einen der Stühle auf die Terrasse vor dem Haus und genieße die Sonne. Obwohl ich an diesem Tag „nur" ca. 12 km zurückgelegt habe, bin ich ziemlich geschafft. Wahrscheinlich liegt das an den Temperaturen, die das Thermometer heute auf über 32 Grad Celsius hat ansteigen lassen. Für meine ersten beiden Übernachtungen hatte ich mir einige Tage vor Beginn meiner Wanderung die Zimmer telefonisch gebucht. Von meinem Vorhaben, die Nächte im Zelt zu verbringen, hatte ich Abstand genommen, weil es am oder in unmittelbarer Nähe des Hexenstieges wenig Campingplätze gibt.

Als dann um 17.30 Uhr die Pension öffnet, erhalte ich sogleich ein schönes, liebevoll eingerichtetes Zimmer im 1. Stock. Man wundert sich, dass ich mich nicht eher gemeldet habe, als man erfährt, dass ich schon eine gute Stunde vor Ort bin. Die Gaststätte mit Pension wird von einer sehr netten italienischen Familie geführt. Gleich mit der Anmeldung werden die Wünsche für mein Frühstück aufgenommen. Ich kann zwischen verschiedenen Sorten Brötchen, Brot, allerlei Aufschnitt und Käse sowie Eierspeisen und verschiedenen Getränken wählen. Eine derart umfangreiche Auswahl zum Frühstück werde ich nur noch einmal auf meiner Wanderung erleben.

Als ich dort am Empfangstresen stehe und meine Anmeldung ausfülle, kommt aufgeregt eine Besucherin des Campingplatzes dazu und fragt nach einem Kaugummi. Die freundliche Italienerin versteht sie nicht. Verzweifelt versucht die Dame es wieder. Sie erklärt, dass sie es als Ersatz für eine Zahnplombe benötigt, die ihr vorhin herausgefallen ist. Morgen soll es dann als Notfall zum Zahnarzt gehen. Von solch einer Lösung habe ich auch noch nicht gehört. Ich blicke auf und spontan fällt mir das englische Wort ein.

„Chewing Gum", entfährt es mir.

Das hat die Pensionswirtin verstanden und reicht eine Packung herüber. Mit einem „Oh, vielen Dank", entfernt sich die Dame überglücklich.

Nach einer ausgiebigen Dusche und in frischer Kleidung genieße ich den wohl verdienten Feierabend auf der rückwärtigen Terrasse des Hauses. Einige Campingplatzbesucher nehmen dort, genau wie ich, ihr Abendbrot zu sich. Ich sollte noch kurz meinen Salatteller erwähnen. Einen derart leckeren Salat habe ich lange nicht mehr gegessen. Es lag sogar eine rote Rose auf dem Teller, hergestellt aus einer Tomate. Daneben waren Blumenblüten angebracht. Dieser wunderschöne Teller wurde mir mit dem freundlichen Hinweis serviert, dass man auch die Blüten essen könne. Leider habe ich versäumt, ein Foto davon zu machen. Der Hunger war größer, mhhhhh!

Etappe 2 von Buntenbock nach Torfhaus

Ausgeruht und gestärkt nach einem guten Frühstück soll meine nächste Etappe beginnen. Nachdem ich meinen Gastgebern berichtet habe, dass ich heute bis Torfhaus wandern will, schildert man mir, dass es gar nicht so weit und gut zu schaffen ist.

Hätte der freundliche ältere Herr gewusst, was da auf mich zukommt, wäre seine Äußerung vielleicht vorsichtiger ausgefallen. Vielleicht hatte er ja auch die Strecke mit dem Pkw im Kopf. Nach einem fröhlichen „arrivederci" (italienisch: Auf Wiedersehen) und strahlenden Gesichtern zum Abschied geht es für mich voller Vorfreude weiter. Da können selbst die grauen Wolken und ca. 15 Grad weniger meine Freude nicht trüben.

Zunächst muss ich über die Asphaltstraße zum Hexenstieg zurück. Doch das ist eine leichte Übung. Dort angelangt geht es noch ein kleines Stück auf der Straße weiter, bis der Hexenstieg nach rechts in einen lichten Wald einbiegt und parallel zur Straße auf weichem Waldboden weiter verläuft. Nach ein paar Metern stehe ich vor einem Damm. Dahinter befindet sich der vom Wald eingerahmte Obere Nassenwieser Teich.

Blick zurück: rechts liegt der Obere Nassenwieser Teich

Bevor ich jetzt nach rechts über den Damm weiter gehen werde, ziehe ich mir im Schutz eines Baumes meine Regenkleidung über. Es hat vorhin im Wald leicht zu regnen begonnen, der Regen nimmt aber immer mehr zu. Ich betrete daraufhin den Damm und gehe auf einer ebenen Grasfläche weiter. Da überholt mich eine Mountainbikerin. In der Mitte des Damms stellt sie ihr Rad ab und entkleidet sich. Dort angelangt frage ich sie, ob sie etwa schwimmen gehen will. Lachend bestätigt sie meine Vermutung.

„ Ja, nach dem gestrigen warmen Tag ist das Wasser noch warm und heute ist es nicht so voller Menschen hier. Versuchen Sie es doch auch", ermuntert sie mich.

Ich lehne jedoch ab, obwohl ein gewisser Anreiz da ist, ihrer Aufforderung zu folgen. Da ich meine Tour gerade erst begonnen habe, kann ich widerstehen und setze meinen Weg fort. Am Ende des Dammes biegt der Hexenstieg nach links in ein Waldgebiet ein. Langsam muss ich mich wieder an einige Steigungen gewöhnen und zudem auf den Boden vor mir achten, um nicht über die eine oder andere Baumwurzel zu fallen. Nach ein wenig Kletterei komme ich an einen kleinen idyllischen Teich. Mein Wanderführer sagt mir, es handelt sich um den Entensumpf.

Auch das kann geschehen:
Wanderweg mit Anforderungen

Weiter führt mich die kleine Hexe durch das Waldgebiet bis zur Huttaler Widerwaage.

Als nächstes gehe ich immer an einem kleinen Wasserlauf zu meiner Linken entlang. Der relativ schmale Weg ist gut begehbar. Noch denke ich, „ sollte der italienische Herr, doch recht gehabt haben"?

Immer wieder treffe ich auf Hinweisschilder, welche die Bedeutung der Wasserwirtschaft erklären. Oft bleibe ich stehen und lese mir die Hinweise durch. Nur so ist zu erahnen, welche Leistungen die Menschen vor einigen hundert Jahren mit einfachsten Mitteln erbracht haben.

Langsam schaut die Sonne wieder durch die Wolkendecke und verwandelt die Tropfen an den Bäumen und Sträuchern, die meinen Weg säumen, in Millionen von Kristallen.

Nasse „Edelsteine"

Es wird bald recht warm in meiner Regenkleidung. Bei nächster Gelegenheit werde ich mich ihrer entledigen. Diese Möglichkeit lässt nicht lange auf sich warten. Am Ende des Weges, entlang des Wasserlaufes, ich glaube, es ist der Huttaler Graben, steht ein Tisch mit zwei Bänken. Hier mache ich eine kurze Pause, um die Regenbekleidung in meinem Rucksack zu verstauen. Als ich gerade dabei bin, auf einem Bein hüpfend, umständlich die Regenhose auszuziehen, sehe ich, dass sich ein Wanderer nähert. Außer einem großen grünen Regenumhang erkennt man fast nichts. Als er an dem Rastplatz angelangt ist, beginnt auch er sich aus seiner Regenkleidung herauszuschälen.

„Auch auf dem Harzer Hexenstieg unterwegs"? frage ich ihn.

Ich erkenne, dass sich unter dem Umhang ein junger Mann mit einem riesigen Rucksack versteckt hat. Vielleicht ein Student, mutmaße ich in Gedanken. Er bejaht meine Frage. Nach dem Austausch einiger freundlicher Worte gehe ich weiter. Er wird mich sicherlich gleich überholen, denke ich, als ich ein Stück nach rechts wieder über eine Art Damm gehe und kurz darauf scharf links abbiege. Die Steigung ist an dieser Stelle auf der zweiten Etappe ganz schön zu merken. Ich bin in Richtung Bundesstraße 242 unterwegs. Der Weg ist vom Regen etwas matschig geworden aber dennoch weiterhin gut zu laufen. Kurz vor dem Erreichen der Straße verliere ich meine kleine Hexe. Ich laufe wiederum in alle möglichen Wege hinein, gehe zum Ausgangsplatz zurück und überlege nochmals. Der Führer sagt, ich muss irgendwo an dieser Stelle die Bundesstraße überqueren. Nun suche ich nach einer

Möglichkeit, dichter an sie heranzukommen. Ein Weg führt leicht links neben der Straße her und wendet sich ihr dann zu. Es erscheint mir etwas kompliziert, so zur Bundesstraße zu kommen. Tatsächlich ist es der richtige Weg. Ich ignoriere die Bushaltestelle nach Altenau und andernorts, die hier an der Bundesstraße zu finden ist und überquere die zu diesem Zeitpunkt kaum befahrene Straße.

Auf der anderen Straßenseite begrüßt mich, Gott sei Dank, meine kleine Begleiterin. Auf matschigen Wegen windet sich der Hexenstieg durch einen Wald. Der junge Wanderer hat mich noch immer nicht eingeholt. Ob er wohl auch, genau wie ich, teilweise leichte Probleme hat, den Weg zu finden? Nach einiger Zeit befinde ich mich auf einem breiten, mit Schotter ausgefüllten Wirtschaftsweg. Es geht bergab und ich habe die kleine Hexe schon längere Zeit nicht mehr gesehen.
Eigentlich folgt der Hexenstieg nicht über eine so lange Strecke einem breiten Schotterweg, überlege ich laut.

Wo finde ich dich wieder, meine kleine Freundin?

Rechts von mir führen Wanderwege in den Wald hinein. Ich nehme den nächstbesten Weg und schaue mir die Hinweistafeln an. Die Wege führen nach Altenau. Die grobe Richtung stimmt also. Ich glaube mittlerweile, dass ich nicht mehr auf dem Hexenstieg bin, will aber nicht umkehren und den ganzen Schotterweg wieder berghoch laufen. Auf keinem der Wanderhinweise, die ich mir immer wieder anschaue, ist die kleine weiße Hexe abgebildet. Mir ist, je weiter ich gehe, mittlerweile bewusst geworden, dass ich mich verlaufen habe. Aber südlich von Altenau verläuft der Hexenstieg. Dort muss ich jetzt hin gelangen. Ich versuche Richtung Altenau zu laufen und dort den Hexenstieg wieder zu finden. Es geht immer noch bergab über Stock und Stein durch den Wald, über kleine Bächlein und auf nassen rutschigen Wegen.

Irgendwann stößt der Wanderweg auf eine Straße. Ein mit Schotter beladener älterer LKW quält sich die Straße hinauf. Diesem werde ich nicht folgen, denke ich intuitiv, setze mich an den Straßenrand und studiere zunächst die Karte. Altenau muss rechts von mir liegen. Also schlage ich den Weg nach rechts auf der Straße ein, die hier eine fast 180 Grad Kurve beschreibt. Weiter unten sehe ich rote Dächer durch die Bäume schimmern. An der nächsten Linkskurve befindet sich rechter Hand ein Parkplatz mit Bank.

Zwei Wanderer scheinen dort gerade eine Frühstücks- oder Mittagspause zu machen. Die beiden Männer haben eine Dose mit Nudeln über einem Campingkocher erhitzt und lassen es sich schmecken. Ich begrüße sie und frage nach, ob sie mir ungefähr sagen können, wo wir uns befinden. Sie erzählen, dass sie den Harzer Hexenstieg laufen und eine Abkürzung nehmen wollten, um die vielen Windungen südlich von Altenau zu umgehen. Der eine von ihnen zeigt auf einen weiteren Wanderweg und meint, dieser würde Richtung Altenau gehen. Mir bleibt nur die Wahl, weiter auf der Straße zu bleiben oder den Weg zu beschreiten. Ich entscheide mich für Letzteres. Jetzt geht es nur noch bergauf. Der Weg ist erfreulicher Weise gut begehbar. Links von mir taucht – wieder einmal – ein Teich auf. Es könnte der Hüttenteich bei Altenau sein.

Hüttenteich bei Altenau

„Meine liebe kleine Hexe, ich freue mich wirklich sehr, wenn du bald wieder auftauchst."

Tapfer trage ich meinen Rucksack weiter hinauf. Ich weiß nicht genau, wie lange ich gelaufen bin, als ein Schild mit folgender Aufschrift meinen Blick auf sich zieht „ **Verbindungsweg zum Harzer Hexenstieg**".

Ich beginne innerlich zu jubeln und gehe schnellen Schrittes in die angegebene Richtung. Es dauert nicht lange und ich stehe auf dem Harzer Hexenstieg. Ich bin doch ein Glückskind und sehr erleichtert.

Als ich später noch einmal die Karte betrachte, sehe ich, dass ich nur einen sehr kleinen Abschnitt des Hexenstieges nicht gegangen bin, dafür aber eine riesige Schleife eingebaut habe. Gut gelaunt geht es durch den Wald und es macht mir nichts aus, dass die Wege recht matschig sind und ich erneut über Baumwurzeln steigen muss. Dann erreiche ich den Sperberhaier Damm, der sich hoch über der Bundesstraße 242 parallel zu dieser dahinzieht.

Aus luftiger Höhe (im Gegensatz zu den bisherigen Waldwegen) schaue ich auf die Fahrzeuge, die sich auf der Bundesstraße bewegen.

„Ihr seid zwar schneller, aber mein Weg ist tausendmal schöner und erlebnisreicher"!

Das Sperberhaier Dammhaus lasse ich rechts liegen. Es lädt zwar zu einer genüsslichen Mittagspause ein, aber der Parkplatz steht bereits voller Pkw. In diesen Trubel möchte ich mich doch nicht hinein begeben und außerdem muss ich heute noch Torfhaus erreichen. Bis dorthin sind noch einige Kilometer Wanderstrecke zu bewältigen.

Gegenüber dem Gasthaus verliert sich der Hexenstieg wieder in einem Nadelwald.

Wanderweg im Wald

Der Weg ist wie zuvor relativ gut begehbar. Nach einigen Kilometern ist nochmals eine Bundesstraße zu überqueren, die B 498. Diesmal ist der Weg leicht zu finden und führt mich weiter zur berühmten Eisenquelle, an der ich meine Mittagsrast einlegen will.

Eisenquelle – vom Eisen rötlich gefärbtes Wasser

Vor der dort errichteten Schutzhütte mache ich es mir bequem und lege eine längere Mittagspause ein. Um die Hütte zu erreichen, muss man allerdings rechts neben dem Hexenstieg eine kleine Anhöhe erklimmen.

Schutzhütte an der Eisenquelle

Es gibt immer wieder Wanderer, die in diesen Schutzhütten die Nacht verbringen. So einladend für eine Übernachtung sehen sie aber nicht aus. Das wäre nur eine Notlösung, wenn ein Unwetter oder die Nacht über mich hereinbricht. Davon gehe ich erst einmal nicht aus. Nach Beendigung meiner Pause schaue ich mir die Eisenquelle noch genauer an. Aufgrund des hohen Eisengehalts hat sich das Wasser wirklich rötlich gefärbt, wie es der Wanderführer beschreibt.

Ein Paar mit Hund, das an der Quelle auftaucht, bestaunt diese ebenfalls. Ich setze meine Wanderung fort. Der Weg geht jetzt leicht bergan. Rechts wird er von einem Graben gesäumt, dem Dammgraben.

Immer wieder sind Teile des Waldgebietes durch Maschendrahtzäune abgetrennt. Hier kann sich die Natur frei entfalten. Sicherlich dienen die Umzäunungen auch dem Schutz vor den Wanderern und Touristen. Auch soll er den Kahlfraß an den jungen Pflanzen durch das Wild verhindern.

Der Dammgraben begleitet mich.

Nach links fällt das Gelände etwas ab. Unberührter Kiefernwald erstreckt sich dort: große jahrzehntealte

Bäume, nachgewachsene junge Nadelbäume und vom Sturm geknickte Bäume jeden Alters. Es erfüllt mich mit Freude, hier durch die Natur zu streifen. Es gibt weder Vergangenheit noch Zukunft. Was zählt ist allein das Jetzt – die Verbundenheit mit der Natur, das Leben in ihr. Macht mich der Weg jetzt etwas philosophisch?

Der Regen setzt wieder ein. Auch das ist ein unausweichliches Naturphänomen, das ich hinnehmen muss. Ich halte inne, hole meine Regenkleidung erneut aus meinem Rucksack und ziehe sie über. Derweil überholt mich das Paar mit dem Hund und bemerkt, dass ich vielleicht Recht habe mit der Regenbekleidung und beide eilen zum Parkplatz zurück. Der Weg und die Landschaft verändern sich kaum. Der Hexenstieg macht einige Windungen und bald weiß ich nicht mehr, in welche Richtung ich gehe. Es hat aufgehört zu regnen. Da aber dunkle Wolken am Himmel hängen, werde ich meine Regensachen anbehalten. Bald erreiche ich einen Punkt, der mir einen unglaublichen Blick auf den Ort Altenau ermöglicht. Von dort unten im Tal, umgeben von dem dunklen Grün der Nadelwälder, leuchten mir die roten Dächer der Häuser entgegen. Hier könnte ich noch stundenlang stehen bleiben und mich an dem Blick berauschen.

Doch meine innere Uhr treibt mich weiter. Es beginnt erneut zu regnen. Ich überquere die Große Oker, fasziniert von dem Bergfluss. Immer weiter geht es, jetzt etwas bergab, neben dem Dammgraben daher. An einer

Stelle, ich weiß nicht genau wo, treffe ich auf eine Kreuzung. Direkt an dieser Kreuzung ist keine Hexe zu entdecken. Ich laufe natürlich zuerst wieder in die falsche Richtung. Es geht hier zwar nach Torfhaus, aber es ist nicht der Hexenstieg. Also zurück und jeden Weg genau unter die Lupe nehmen. Mittlerweile regnet es stärker und ich will nur noch weiter.

Endlich finde ich die kleine weiße Hexe auf grünem Grund. Wieder einmal musste ich den Weg einige Meter gehen, um sie zu entdecken. Wenn man es weiß, ist es ganz einfach. Der Weg geht geradeaus weiter, den Bach auf der rechten Seite. Das sollte ich mir mal merken. Er ist immer noch gut zu laufen und die leichte Steigung fällt kaum ins Gewicht. Leichter Nieselregen begleitet mich. Es scheint so, als ob er sich heute nicht mehr verabschieden möchte. Die hohen Nadelbäume bieten nur noch wenig Schutz. Allerdings ist mein Wanderweg weiterhin gut zu laufen. Das Wasser scheint dem Untergrund nicht viel auszumachen, jedenfalls in diesem Stadium noch nicht.

Nachdem die Nässe langsam durch meine Regenkleidung dringt,- ich sollte mir bei Gelegenheit einmal etwas Besseres zulegen – sehe ich die nächste Schutzhütte. Hier raste ich ganz kurz. Da meine Regenkleidung den Regen nicht mehr großartig abhält, beginne ich leicht zu frieren. Bloß schnell weiter gehen. Bewegung hält warm. Allzu weit ist es nicht mehr bis

Torfhaus und dort erwarten mich eine warme Dusche und ein trockenes Zimmer.

Ich nehme meine Kapuze ab, um besser sehen zu können. Meine Haare sind eh schon nass. Mir kommt ein Paar in leichter Kleidung und einfachem Schuhwerk entgegen. Die Dame fragt mich Hilfe suchend nach dem Weg, der nach Altenau führt. Sie sind wohl vom Wetter überrascht worden. Da hilft der Regenschirm, den sie mitgenommen hat, auch nicht groß weiter.

Ich schildere ihnen den von mir begangenen Hexenstieg, der an Altenau vorbei führt und hoffe, dass sie dort wohlbehalten ankommen.

Plötzlich verändert sich der Untergrund. Der Weg wird felsig und steigt steil an. Ich befinde mich auf dem Magdeburger Weg. Er erinnert mich an Hochgebirgswege in den Alpen, welche ich auf Fotos schon gesehen habe. Der Hexenstieg erfordert meine volle Konzentration. Ich muss zum Teil über größere Granitblöcke, aber auch wiederum über Baumwurzeln steigen. Dabei ist der Weg circa einen Meter breit. Links geht es nach meiner Schätzung hundert Meter nach unten, während rechts der Wald steil ansteigt. Hinzu kommt, dass rechts, relativ dicht am Weg, umgeknickte und gefällte Baumstämme liegen. Ich hoffe nur, dass diese nicht aus irgend einem Grund ins Rutschen kommen. In diesem Fall habe ich keine Chance.

Vor dem Betreten des Weges wurde darauf hingewiesen, dass dieses auf eigenes Risiko geschieht. Trotz alledem fasziniert mich der Magdeburger Weg und ich arbeite mich immer weiter voran. Die Steigung selbst ist auf diesem Wege nicht mehr allzu schwierig. An einer Stelle, wo der Abgrund sehr steil ist, ist zum Schutz der Wanderer eine Brüstung angebracht.

Der Magdeburger Weg: Baumstämme, Felsen und steil abfallende Seitenräume

Dass es unaufhörlich weiter regnet und ich mittlerweile trotz Regenkleidung durchnässt bin, bemerke ich gar nicht. Es gibt hier kein Zurück, sondern immer nur weiter, weiter. An dieser Stelle des Harzer Hexenstieges muss man seinen inneren Schweinehund überwinden und nur noch vorwärts gehen. Bloß nicht denken, nur agieren. Die Füße scheinen selbst Augen zu besitzen und den Weg zu finden.

So plötzlich wie diese Herausforderung gekommen ist, ist sie überstanden. Ich befinde mich wieder auf einem „normalen" Waldweg. Der morastige Untergrund ist von einem hölzernen Steg überspannt. Ehe ich mich versehe, befinde ich mich auf dem Parkplatz am Rande von Torfhaus neben der L 504.

Entspannt gehe ich neben der Landstraße über den Parkplatz. An dessen Ende führt der Weg weiter und ich erblicke das Zeichen des Hexenstieges. Mal schauen, wie weit es noch bis zur Jugendherberge ist. Nach kaum hundert Metern denke ich, dass ist unglaublich.

Vor mir steht ein Hinweisschild Jugendherberge Torfhaus. Links von mir kann ich das Gebäude bereits erkennen. Ich bin doch wirklich ein Glückskind, denke ich abermals und eile die Auffahrt hinauf dem Eingang zu. Dann stehe ich in der Eingangshalle der Jugendherberge. Endlich ist es warm und trocken.

Tagesziel erreicht!

Ein älterer Herr erkundigt sich nach meiner Wanderung und erklärt mir dann, dass die Anmeldung noch nicht geöffnet hat. Ich lasse ihn einfach reden, zu glücklich, die heutige Etappe geschafft zu haben und voller Vorfreude auf mein Zimmer mit Dusche. Im Bereich der Anmeldung befreie ich mich rasch von der nassen Regenhose und Regenjacke. Es wartet noch eine Mutter mit ihrem Kind, die sich ebenfalls anmelden will. Nach einiger Zeit erscheint der Herbergsvater. Als ich an die Reihe komme, fülle ich entspannt die Papiere aus.

Heute erhalte ich hier meinen ersten Jugendherbergsausweis. Ich weiß schon jetzt, dass ich ihn für das nächste Jahr wieder beantragen werde. Nur mit einem solchen Ausweis kann man die Angebote der Jugendherbergen in Deutschland, aber auch der Hostels im europäischen Ausland nutzen. Der Jahresbeitrag beträgt nicht einmal dreißig Euro.

Nachdem ich meine Schlüssel erhalten habe, gehe ich auf mein Zimmer im obersten Stock. Das Mobiliar besteht aus einem Etagenbett mit Tisch und zwei Stühlen und einem angrenzenden kleinen Badezimmer. Ich muss noch einmal nach unten und die Bettwäsche holen. In den deutschen Jugendherbergen muss man sein Bett selbst beziehen und abziehen. Aber das ist nicht so tragisch und schnell erledigt. Ich genieße die warme Dusche, esse von meinem Käse, Brot- und Müsliriegelvorrat. Das alkoholfreie Weizen, das ich mir kaufen konnte, schmeckt vorzüglich, obwohl ich eigentlich kein Biertrinker bin. Wasser habe ich heute aber genug getrunken und erlebt.

Der junge Wanderer, den ich kurz hinter Buntenbock getroffen habe, hatte noch erwähnt, dass die letzten Kilometer der Tour vor Torfhaus echt anstrengend sein sollten. Recht hat er gehabt und nicht der liebenswürdige Italiener.

Ich schaue noch einmal in meine Liste der Hotels und Pensionen und entschließe mich, am nächsten Tag bis Königshütte zu laufen. Ein Telefonat mit der Pension am Felsen sichert mir meinen Übernachtungsplatz für die übernächste Nacht. Ich bin so fertig, dass ich noch vor neun Uhr in meinem Bett liege, einschlafe und nach einer traumlosen Nacht um kurz nach sieben Uhr am nächsten Morgen aufwache.

Etappe 3 von Torfhaus nach Königshütte

Kurz nach dem Aufwachen schießt mir ein Wort durch den Kopf, Frühstück. Ich habe einen Bärenhunger. Ab halb acht Uhr gibt es in der Jugendherberge Frühstück. Ich mache mich langsam fertig, packe meinen Rucksack neu, ziehe das Bett ab und verlasse, da es kurz nach halb acht ist, mein Zimmer.

Als ich auf den Flur trete, öffnet sich schräg gegenüber ebenfalls eine Tür und, wer hätte das gedacht, der junge Harzer Hexenstieg Wanderer betritt ebenfalls den Flur. Beide blicken wir uns an, erkennen uns und mit einem breiten Grinsen im Gesicht wünschen wir uns einen:
„Guten Morgen, auch hier"?

Das ist ja wie in den alten Kinofilmen aus den fünfziger oder sechziger Jahren fährt es mir durch den Kopf, immer noch ein Grinsen im Gesicht. Dort treten die Akteure zum Teil auch gleichzeitig aus ihren Zimmern auf den Flur.

Bei meinem Hunger bin ich Ruck Zuck im Frühstücksraum. Es ist ein Buffet aufgebaut mit allem, was das hungrige Wanderherz begehrt. Ich kann Kaffee und O-Saft trinken, soviel ich will und für die Brötchen gilt dasselbe. Sogar Müsli und Obst werden angeboten. Ich bin angenehm überrascht von dem Angebot in der Jugendherberge.

Beim Frühstück sitzt die Mutter mit ihrer Tochter neben mir, die ich gestern an der Rezeption getroffen habe. Eine weitere Gruppe von Frauen mit Kindern sitzt schräg gegenüber und davor der junge Hexenstiegwanderer.

Ich genieße mein Frühstück und komme mit meiner Tischnachbarin ins Gespräch. Sie will mit ihrer Tochter, diese ist vier Jahre alt, eine Tageswanderung unternehmen. Zu diesem Zweck hat die Kleine; sie hat mir am Abend zuvor resolut berichtet, sie sei schon groß; ihr Fahrrad dabei. Es gibt durchaus Wege, die Kinder mit dem Fahrrad bewältigen können. Zur Not muss ein wenig geschoben werden. Meine Tischnachbarin war schon des Öfteren im Harz und überlegt, nach Altenau zu ziehen. Sie ist schwer krank, was man ihr überhaupt nicht ansieht und soll auf Anraten der Ärzte in eine Region mit für sie besseres Klima ziehen. Sie schildert mir, dass ihr die Luft im Harz gut tut. Die andere Alternative seien die Nordseeinseln. Aber dort sind keine Mietwohnungen zu bekommen. Dieses Problem ist mir bereits zu Ohren gekommen und ich schlage ihr vor, es nicht auf den Inseln, sondern direkt an der Küste zu versuchen. Darüber hatte sie noch gar nicht nachgedacht. So vertieft in das Gespräch vergeht die Zeit sehr schnell. Die übrigen Gäste im Frühstücksraum sind schon gegangen oder nehmen gerade Lunchpakete in Empfang. Von einem solchen Angebot sollte ich vielleicht zukünftig auch einmal Gebrauch machen.

Auch ich gehe jetzt noch einmal auf mein Zimmer, um meinen Rucksack zu holen und dann geht es los – auf zum Brocken.

Eine gewisse Euphorie überkommt mich bei diesem Gedanken. Als ich die Jugendherberge verlasse, sehe ich wiederum den jungen Wanderer. Es sitzt auf einer Bank vor der Herberge und schnürt seine Wanderstiefel. Dabei bemerke ich, dass er eine dickere Jacke trägt. Es ist nebelig und noch kalt. Ich in meinem Optimismus trage ein kurzärmeliges T-Shirt.

„ Ich glaube, ich werde doch eine Jacke überziehen müssen", lasse ich verlauten und hole meine Fleecejacke aus dem Rucksack. Er schaut mich lächelnd an. Was er wohl jetzt über mich Wanderanfängerin denkt? Kurz bevor ich losgehe, ruft er mir noch hinterher:
„ Vielleicht treffen wir uns ja auf dem Brocken"!

Der Weg führt zunächst – gut markiert – über einige Straßen in Torfhaus, bevor es wieder in die Natur hinausgeht. Die ersten Nadelbäume tauchen auf und nach einigen Metern sehe ich zu meiner Linken ein Moorgebiet. Es handelt sich um das Große Torfhausmoor. Direkt vom Wanderweg führt ein aus Bohlen hergestellter Pfad ins Moor. Ich überlege nicht lange und betrete diesen Bohlenweg direkt ins Moor hinein. Er soll ja schließlich an seinem anderen Ende wieder auf den Harzer Hexenstieg führen, der hier übrigens identisch ist mit dem Goetheweg.

Großes Torfhausmoor auf dem Weg zum Brocken

So früh am Vormittag – Morgen kann man ja nicht mehr sagen – bietet sich mir, wieder einmal, ein unbeschreibliches Bild. Feine Dunstwolken kriechen noch über dem Boden, während darüber die Luft von der Sonne erwärmt wird und hellgolden schimmert. Eine Vielzahl abgestorbener Bäume ragt in den Himmel. Ich bleibe stehen, um dieses Bild in mir aufzunehmen. In der kühlen, aber doch angenehmen Luft, drehe ich mich immer wieder nach allen Seiten um. Ganz langsam setze ich einen Fuß vor den anderen und erreiche das Ende des Pfades. Jetzt geht es abermals in den Wald hinein auf einen breiten Sandweg.

Vor mir läuft ein älteres Paar, das ich mit einem fröhlichen „ Guten Morgen" überhole. Der Hexenstieg oder auch Goetheweg steigt leicht an. Wen wundert`s, es geht ja Richtung Brocken, dem höchsten Berg in Norddeutschland. Ich freue mich über die Flora am

Wegesrand: in verschiedenen Farben blühende Blumen, wunderschöne Farngewächse, kleine nachwachsende Nadelbäume und noch einige mehr ist zu entdecken. Es ist einfach schön, denke ich.

Aber noch ein ganz anderer Gedanke wird mir bewusst. Ich gehe einige hundert Jahre später auf demselben Weg, den einer der bekanntesten deutschen Dichter gegangen ist – Johann Wolfgang Goethe. Das ist unglaublich. Meine Stimmung ist auf einem derartigen Höhepunkt angelangt. Man könnte meinen, ich hätte zum Frühstück eine Droge gehabt. Das habe ich natürlich nicht. Mein Körper schüttet gerade so viele Glückshormone aus, dass sie wahrscheinlich eine ähnliche Wirkung haben.

Gut ausgezeichnet führt mich mein Weg an einer Schutzhütte vorbei, die ich links liegen lasse. Für eine Rast ist es noch viel zu früh. Doch dann ändert sich der Weg abrupt. Er besteht aus Betonplatten und steigt nun sehr steil an. Es beginnt ein mühsamer Anstieg. Gott sei Dank ist das Ende in Sichtweite. Große Granitblöcke sind zu erkennen. Laut Reiseführer sind es die „Hirschhörner" und davor windet sich die berühmte Brockenbahn den Berg hinauf. Am Ende dieses steilen Anstieges steht bereits eine Reisegruppe, um eine Pause einzulegen. Erst einmal oben angelangt und nach einer kurzen Verschnaufpause bemerkte ich, welche wunderschöne Aussicht sich mir abermals bietet, dieses Mal auf Torfhaus.

Nach einer Linkswendung, mit anhaltendendem schönen Blick auf Torfhaus und zu meiner rechten Seite die Schienen der Brockenbahn, laufe ich auf einem Sandweg weiter. Von Steigung keine Spur mehr.

Ich bemerke, dass sich die Vegetation verändert. Die Bäume treten immer weiter zurück und werden kleiner. Nach einer fast 90 Gradkurve nach rechts sehe ich mein Etappenziel, den Brocken. Jetzt ist deutlich erkennbar, dass dort oben keine Bäume mehr wachsen. Ich habe gelesen, dass dieses Phänomen mit den klimatischen Bedingungen auf dem Brocken zu tun hat. Ab einer Höhe von 1100m beginnt die natürliche Baumgrenze.

Ein langgezogener Pfeifton reißt mich aus meinen Gedanken. Ich drehe mich um und sehe in einiger Entfernung weißen Rauch aufsteigen. Das kann nur die Brockenbahn sein, die Touristen auf den Berg bringt. Immer wieder höre ich diesen Ton, bis ein Schnaufen das Herannahen der Bahn ankündigt. Ich bleibe stehen und beobachte die rotschwarze Lok mit den Wagen dahinter, die von Urlaubern gefüllt sind.

Bei diesem Anblick würde das Herz eines jeden Eisenbahnfans höher schlagen.

Brockenbahn

Nachdem die Brockenbahn gemächlich an mir vorbeigefahren ist, setze auch ich den Weg fort. Ich bemerke den leichten Anstieg. Ganz plötzlich stehe ich abermals vor einer Asphaltstraße. Der Hexenstieg biegt scharf nach links ab und steigt mit der Straße steil an. Nach ca. 100 Metern kommt eine 90 Grad Kurve nach rechts – es ist die Knochenbrecherkurve – und weiter geht es steil bergauf.

Man hatte mir schon erzählt, dass die letzten Meter bis zur Brockenspitze derart anstrengend zu gehen sind. Der Fußgänger wird mit Hilfe von Hinweisschildern gebeten, links zu gehen. Das hat auch seinen Grund, wie ich schnell erkenne. Immer wieder kommen von oben Fahrradfahrer und sogar motorisierte Fahrzeuge, die man so besser erkennt und denen man notfalls ausweichen kann. Ganz schön mutig, mit solch einem Tempo und mit dem Fahrrad hier runter zu rasen. Wer weiß, weshalb die Knochenbrecherkurve ihren Namen trägt.

Der Aufstieg zum Brocken ist wieder einmal ein Abschnitt, bei dem man denkt, Gehirn ausschalten und nur gehen. Doch dann ist es geschafft. Ich stehe am Anfang des Brockenplateaus und versuche herauszufinden, wie ich über die Schienen der Brockenbahn gelange. Zwei Wanderer vor mir gehen einfach hinüber. Schon will ich die Überquerung ebenfalls auf diesem Wege in Angriff nehmen, als ein „Hallo" hinter mir ertönt. Ich weiß genau, dass ich gemeint bin und drehe mich um. Hinter mir steht mein Wanderkollege aus der Jugendherberge Torfhaus.

„Da sind wir ja schnell auf dem Brocken angekommen", lässt er verlauten.

Ich selbst hatte damit gerechnet, dass ich eine Stunde länger brauche und bestätige seine Aussage. Jeder von uns geht weiter, um sich einen Überblick zu verschaffen. Ich sehe zunächst den Brockenimbiss vor mir, gehe aber dran vorbei und wandere weiter. Ich erkenne das Brockenhotel mit Restaurant, die alten Funkanlagen und Antennen und stehe dann an der Brockenuhr. Dieses ist der höchste Punkt auf dem Brocken. Im Boden sind Wegweiser eingelassen, die in alle Himmelsrichtungen zeigen und die Entfernung zu den dort aufgeführten Orten angeben. Fasziniert gehe ich die Uhr einmal ab.

Ich stehe zum ersten Mal in meinem Leben auf dem Brocken – und bin dorthin gelaufen. So richtig kann ich es noch nicht fassen.

Auf dem Brocken

Der höchste Punkt der Wanderung ist erreicht
Bei strahlendem Sonnenschein stehe ich auf dem
Brocken und habe eine atemberaubende Aussicht. In
weiter Ferne kann ich noch die Orte und die
Schachtelmuster der Felder erkennen.

Der Blick in die Ferne

Das ist wieder so ein Augenblick, in dem man die Zeit
kurz anhalten möchte. Von den 365 Tagen im Jahr soll

auf dem Brocken an 300 Tagen schlechte Sicht herrschen. Und ich erwische einen der seltenen und schönen Sonnentage. Danke!!!

Nachdem ich die Aussicht längere Zeit genossen habe, mache ich mich auf den Rückweg zum Brockenimbiss. Ich brauche unbedingt etwas zu trinken – Wasser und ein Kaffee wäre auch nicht schlecht. Es wird ein Latte Macchiato (aus einem Pappbecher). Dann frage ich den Verkäufer noch, ob er meine leere Wasserflasche auffüllen würde. In einigen Gaststätten oder Geschäften gestattet man dieses den Wanderern. Obwohl ich mit überdimensionalem Rucksack vor ihm stehe und leicht als Mehrtageswanderer zu erkennen bin, lehnt er jedoch ab und ich muss mir zwei recht teure 0,5 l Flaschen mit Mineralwasser kaufen. Ein wenig ärgere ich mich schon darüber.

Ich setze mich an einen der Holztische, um die Aussicht weiterhin zu genießen. Kurz vor mir war die Brockenbahn eingetroffen und hatte eine große Gruppe Touristen ausgespukt. Jetzt fährt sie davon, sicherlich um den nächsten Trupp zu holen. Ich genieße meine Pause. Nach kurzer Zeit nähert sich der junge Hexenstieg Wanderer und fragt höflich, ob er sich dazu setzen darf. Natürlich bin ich damit einverstanden. Nach 2 ½ Tagen relativ einsamer Wanderung freue ich mich auf eine Unterhaltung.

Mein Gesprächspartner setzt sich schräg gegenüber und wir stellen gemeinsam fest, dass es zu dieser Jahreszeit bereits sehr frisch auf dem Brocken ist. Dennoch freuen wir uns beide, dass wir so viel Glück mit dem Wetter haben und die Aussicht bei strahlendem Sonnenschein genießen können.

Tim, so heißt mein Gegenüber, berichtet, dass er sich spontan zur Wanderung auf dem Hexenstieg entschlossen hat, weil er eine Woche Zeit zur Verfügung hat, bevor er seine neue Wohnung beziehen kann. Im Laufe des Gesprächs stellen wir fest, dass wir uns im Vorfeld die gleichen Videos zum Hexenstieg auf Youtube angeschaut haben und beide ein großes Interesse an dem Thema Survival besitzen. Bei unserem gedanklichen Rückblick auf die hinter uns liegende Wanderstrecke kommt uns gleichzeitig der Magdeburger Weg kurz vor Torfhaus in den Sinn.

„Hoffentlich bleiben die riesigen Baumstämme liegen und kommen nicht ins Rutschen. Dann bin ich weg". Das war ein Gedanke in zwei Köpfen.

Und noch eine Gemeinsamkeit findet sich. Nicht nur ich, auch Tim hat sich auf der Route von Buntenbock nach Altenau verlaufen. Die Zeit verfliegt bei dem Gespräch und es wird auf dem Brocken immer voller. Es wird mir hier bald zu „eng" und ich beginne mich für die Weiterwanderung fertig zu machen. Tim wird noch auf dem Brocken bleiben und sich eine Mittagsmahlzeit organisieren. Als ich von der Bank aufstehe, um den Rückweg von der Brockenspitze anzutreten, schaut er mich lächelnd an und sagt: „Bis nachher in Königshütte".

Wie kann es anders sein. Wir haben beide Königshütte als heutiges Etappenziel auserkoren und unabhängig voneinander in der „Pension am Felsen" ein Zimmer gebucht.

Bereits auf meinem Weg vom Brocken herunter kommen mir Scharen von Menschen jeden Alters entgegen. Ich glaube halb Niedersachsen und Sachsen-Anhalt nutzt das gute Wetter, um den Brocken zu besteigen. Doch nicht nur Fußgänger sind unterwegs. Auf der asphaltierten Brockenstraße, der ich folgen muss, begegne ich mehreren Planwagen mit wunderschönen Kaltblütern als Zugpferde, die Touristen hinaufbringen. Hier auf der Straße muss man schon Acht geben, da einem zudem Radfahrer und auch einige Pkw entgegenkommen oder auch überholen. Ich bin froh, wenn ich bald wieder auf einem Wanderweg laufen darf. Wandern auf Asphaltstraßen ist nicht so schön, lässt sich manchmal aber nicht vermeiden.

Der kräftige Wind ist hier kaum noch zu spüren und mir wird in meiner Vliesjacke so warm, dass ich eine kurze Pause einlege und mich ihrer entledige.

Endlich weist die kleine Hexe mich an, die Straße zu verlassen und nach links in ein Waldgebiet zu laufen.

Laut Wanderführer befinde ich mich auf dem Glashüttenweg. Zunächst geht es auf weichem Waldboden ein gutes Stück voran. Doch dann besteht der Boden auch hier aus einer Schotter-Asphalt-Mischung. Ich wandere, meinen Rucksack auf dem Rücken, tapfer weiter.

„Ähnlich müssen sich Soldaten*innen beim Marschieren fühlen", kommt es mir in den Sinn.

Plötzlich kreuzt ein kleines Wesen meinen Weg. Zur Abwechslung mache ich ein Foto.

Wanderer in gemächlichem Tempo

Glashüttenweg

Ich hätte meinen Weg gemütlich weitergehen sollen, ohne gedanklich zu murren. Denn mit den Gegebenheiten, die plötzlich vor mir auftauchen, hätte ich nicht gerechnet. Der Weg besteht aus Felsblöcken, kleineren und größeren. Ich bewege mich von Felsblock zu Felsblock, darauf bedacht, nicht auszurutschen und schlimmstenfalls umzuknicken.

Bei dieser anstrengenderen Form des Wanderns kommen mir sogar noch zwei Mountainbiker entgegen, die versuchen, auf ihren Rädern zu bleiben. Doch alles geht gut und nach einigen hundert Metern habe ich dieses Hindernis überwunden. Ich wollte es ja abwechslungsreicher haben.

Teilstück des Glashüttenweges

Meine Wanderung geht jetzt wieder weiter auf Wald- und Grasboden. Nicht lange und ich stehe vor einer Felsformation. Gesicherte Stahlleitern führen hinauf zur Spitze. Ein Hinweisschild sagt mir, dass ich vor dem Trudenstein stehe, einer Granitklippe und es weist auf die fantastische Aussicht hin. Ich wäre nicht Anita, wenn ich nicht dort hinaufklettern würde – mit Rucksack natürlich.

Trudenstein mit Aufstieghilfe

Es ist etwas mühsam, die Stufen mit Rucksack hinaufzusteigen. Aber ich habe mich nicht getraut, mein ganzen Hab und Gut unten unbeaufsichtigt stehen zu lassen. Der Ausblick belohnt meine Klettertour.

Auf dem Trudenstein

Langsam begebe ich mich wieder nach unten. Gerade dort angekommen nähert sich ein Geländewagen in sehr langsamem Tempo. Ein Blick auf die angebrachte Aufschrift an der Beifahrertür beruhigt mich. Es ist ein Fahrzeug irgendeiner Forstverwaltung oder Ähnliches.

Die beiden Männer steigen aus und kontrollieren die Leitern am Trudenstein. Ich wandere, wie gehabt, auf relativ ebenem Waldboden weiter, bis mein Weg einen Bach überquert. Gleich dahinter steht an der linken Seite abermals ein Tisch mit Holzbänken zum Verschnaufen. Geradeaus führt der Weg nach Drei Annen Hohne. Es scheint aber nicht der Hexenstieg zu sein. Wieder muss ein Blick in die Karte mir weiterhelfen. Wenn man ohne GPS-Gerät läuft, ist es schon von Vorteil, sich eine geeignete Wanderkarte zu besorgen.

Gut das ich nachgeschaut habe. Der Hexenstieg biegt hier scharf links ab Richtung Hohnehof. Dort soll es Kaffee und Kuchen geben. Das wäre eine wohlverdiente Pause – also schnell hin.

Nachdem die Lebensgeister durch die in Aussicht gestellten Speisen und Getränke geweckt wurden, geht es schnelleren Schrittes über die kleinen Hindernisse auf dem Weg. Schon bald schimmern auf der rechten Seite einige Gebäude durch die Blätter. In einem kleinen Bogen verläuft der Hexenstieg um die Häuser herum und mündet auf eine Straße. Diese führt nach rechts zum Hohnehof.

Der Hohnehof

Man erkennt sogleich, dass auf dem Hohnehof eine Rangerstation beheimatet ist. Entsprechend uniformierte Personen kommen mir freundlich grüßend entgegen. Im Innern des Gebäudes finde ich ein gemütlich eingerichtetes Cafe. Eine Gruppe, bestehend aus vier Rangern, sitzt zur Besprechung an einem Tisch. Eine Wandergruppe hat sich gerade, frisch gestärkt, erhoben und ich kann mir einen schönen Fensterplatz aussuchen. Schon bald stehen ein Becher Kaffee und eine Stück Apfelkuchen – natürlich mit Sahne – auf dem Tisch vor mir. Es ist auch eine besondere Erfahrung, dass das Essen nach stundenlangem Wandern noch besser schmeckt als zu Hause. Also lasse ich mir jedes Stückchen Apfelkuchen auf der Zunge zergehen (soweit das möglich ist) und studiere dabei auf der Wanderkarte den noch vor mir liegenden Wegeabschnitt bis Königshütte. Nach meiner Schätzung liegen noch gut 5 bis 6 km vor mir, bevor ich mein Tagesziel erreicht habe.

Jetzt ist es ca. 15.00 Uhr und ich müsste den Rest des Weges gut schaffen. Nach einer guten halben Stunde schultere ich erneuet meinen Rucksack. Beim Aufstehen bemerke ich, dass sich an den Füßen mittlerweile einige Druckstellen gebildet haben. Jetzt heißt es aber, Zähne zusammen beißen und weiter.

Ich mache noch schnell einige Fotos und wandere nun auf der Straße weiter Richtung Drei Annen Hohne, das verhältnismäßig schnell erreicht ist. Vor mir kreuzen die Schienen der Harzer Schmalspurbahnen und eine Straße den Weg. Auf der gegenüberliegenden Seite erkenne ich den großen Parkplatz, an dessen Ende der Hexenstieg verläuft. Der Einstieg soll, laut Wanderführer, etwas schwierig zu finden sein. Ich überquere Gleise, Straße und Parkplatz und finde sogleich meine kleine Hexe.

Gemütlich und ohne große Anstrengung geht es weiter Richtung Königshütte. Nach einigen Kilometern erkenne ich zwei weitere Wanderer am Wegesrand, die eine Pause eingelegt haben. Ich glaube, es sind die beiden Männer, die ich nach dem Weg gefragt habe, als ich mich verlaufen hatte. Sie scheinen mich mit meinem leuchtend blauen Rucksack auch zu erkennen und grüßen freundlich.

Auch dieses gehört zu den positiven Erfahrungen einer Wanderschaft. Oft erkennt man andere Wanderer mit dem gleichen oder einem ähnlichen Ziel wieder und es bildet sich eine Art Gemeinschaft, die nicht einmal verbalisiert werden muss.

Kurz nachdem ich die Beiden passiert habe, erblicke ich vor mir eine junge Frau mit einer Kamera. Sie macht Fotos von den Seitenbereichen des Weges und läuft bis zur Bundesstraße 27 vor mir her.

Weg nach Königshütte

Vor der Bundesstraße muss ich mich links halten. Als ich den Königshütter Wasserfall erreiche, weiß ich, dass ich richtig bin. Davor wurde ein Rastplatz für Wanderer erstellt. Der Wasserfall ist nicht natürlichen Ursprungs, sondern künstlich hergestellt.

Wasserfall Königshütte

Nun geht es nur noch über die Bundesstraße und durch den Ort Königshütte und ich müsste meine Pension finden. Ein wenig muss ich noch suchen und dann stehe ich vor der Pension am Felsen.

Jetzt schon völlig müde klingele ich und bald erscheint eine freundliche Dame. Wir füllen gemeinsam die Papiere aus, ich erhalte meinen Zimmerschlüssel und kann nach Anweisung zum benachbarten Gästehaus gehen. Als ich in meinem Zimmer stehe, stelle ich den Rucksack ab und ziehe als erstes meine Wanderschuhe aus. Meine Füße schmerzen mittlerweile doch erheblich. Ich entdecke tatsächlich an der rechten Ferse eine große Blase.

So was Ärgerliche, denke ich mir. Man sollte neue Wanderschuhe zu Hause auch erst einmal einlaufen.

Ich humple zunächst unter die Dusche und widme mich dann wieder meinen Füßen. Es hilft nichts. Die große Blase an der Ferse muss ich öffnen – aber womit? Da ich keinen geeigneten Gegenstand finde, bleibt nur mein Taschenmesser, das ich mit heißem Wasser abspüle und dann die Spitze in die Blase drücke. Nachdem die Flüssigkeit ausgelaufen ist, kommt ein großes Blasenpflaster drauf und schon läuft es sich viel besser. Dasselbe mache ich noch mit zwei kleinen Blasen am rechten und linken Fuß.

So manch einer wird jetzt sicher an Infektionen und Sonstiges denken. Bei der nächsten Wanderung werde ich mir noch Desinfektionsspray einstecken. Heute muss es aber ohne gehen und ich kann alle beruhigen, es ist alles gut gegangen.

Heute Abend gehe ich in Badelatschen zum Restaurant zurück. Mir ist nach einer riesigen Portion Nudeln. Der Körper verlangt, nach der heutigen Anstrengung, nach Kohlenhydrate. Da es noch hell und nicht so kalt ist, setze ich mich auf die Terrasse. Heute bestelle ich mir ebenfalls ein großes alkoholfreies Radler – ich werde auf meiner Wanderung noch zum Biertrinker – und einen Nudelauflauf mit Salat. Mein Getränk steht noch nicht lange auf dem Tisch und die Hälfte ist bereits verschwunden! Es ist erstaunlich, wie viel Flüssigkeit der

Körper bei solch einem Tagesmarsch verdunstet. Auch wenn die Temperaturen nicht mehr so hoch sind, wie am ersten Tag, komme ich doch schnell ins Schwitzen. Den „Feierabend" genießend und über „Gott und die Welt nachdenkend" sitze ich allein auf der Terrasse, als sich, zunächst von mir unbemerkt, eine Person genähert hat und den noch freien Stuhl zurückzieht.

„Ich darf mich doch dazu setzen, oder?" höre ich eine bekannte Stimme.

Es ist Tim, der sich, ohne die Antwort abzuwarten, niedersetzt.

„Na, klar!" gebe ich zur Antwort und freue mich schon jetzt, das Gespräch von heute Vormittag auf dem Brocken fortzusetzen.

Es dauert nicht allzu lange und Tim kann ebenfalls seine Bestellung aufgeben. Schon nach wenigen Minuten beginnt unser Erfahrungsaustausch über den 3. Teilabschnitt des Hexenstieges. Beide sind wir der Meinung, dass die heutige Wegstrecke nicht so schwierig war, dafür aber sehr lang, was genauso anstrengend ist. Wir müssten heute ca. 26 km gelaufen sein. Tim berichtet, dass es auf dem Brocken noch voller geworden ist, nachdem ich bereits losgewandert war. Ich erzähle lachend, dass ich teilweise ganz schön Langeweile hatte und deshalb Schnecken fotografiert habe. Auf den Asphaltstrecken habe ich mich gefühlt wie beim Marschieren bemerke ich. Kurz erwähne ich noch meine Füße, die auf dieser Etappe sehr gelitten haben.

Am Nebentisch nehmen zwei Männer Platz. Es sind die beiden Wanderer, die ich kurz vor Königshütte überholt habe. Tim scheint sie ebenfalls schon gesehen zu haben. Sie sind in einer weiteren Herberge untergebracht, erhalten ihre Verpflegung aber auch in der Pension am Felsen und beide laufen den Harzer Hexenstieg. Damit endet das Gespräch und die Kellnerin kommt mit unserem Essen. Schweigend genießen wir die Mahlzeit.

Ohne Probleme kommt unser Gespräch wieder in Gang. Tim ist am 31. August bereits um 5.00 Uhr morgens in völliger Dunkelheit in Osterode losgewandert. Er konnte mit Kollegen dorthin fahren und hat die Mitfahrgelegenheit genutzt. Der Vorteil der frühen Wanderung war die noch angenehme Tagestemperatur und noch vor Mittag hatte Tim sein Tagesziel, den Campingplatz neben der Pension Rübezahl erreicht. Dort hatte er dann schon zeitig sein Zelt aufgebaut. Lachend berichtet er, dass er sich auf dem Wege nach Buntenbock, kurz vor Erreichen des Eselsplatzes zu Tode erschrocken hat. Plötzlich stand links neben ihm auf dem Weg eine dunkle Gestalt – die bereits erwähnte Köhlerfrau.

In sein Lachen einstimmend, lasse ich verlauten, dass die Köhlerfrau auch bei Tageslicht eine sehr imposante Erscheinung ist, aber dennoch sehr freundlich wirkt.

Es ist schon ein Unterschied, ob man bei Tageslicht oder in der Dunkelheit unterwegs ist. Man nimmt seine Umwelt ganz anders wahr. Begeistert berichtet Tim mir zum Thema Bushcraft und Survival. Er unternimmt an Wochenenden schon mal Touren in die Wälder rings um seinen Heimatort und übernachtet, nur mit dem Geringsten ausgestattet in der „Wildnis". Echte „Bushcrafter" sind in der Lage, sich, nur mit einem geeigneten Messer bewaffnet, einen Lagerplatz aus Naturmaterialien zu errichten, Feuer zu machen und sich von den Pflanzen ihrer Umwelt zu ernähren.

Bei meinen Recherchen zum Thema Wandern und Outdoor bin ich ebenfalls auf diese Gruppe gestoßen und habe mir mit großem Interesse entsprechende Videos angeschaut.

Zwischenzeitlich ist es ein wenig abgekühlt und Tim geht los, sich eine Jacke zu holen. Ich habe meine geliebte Vliesjacke dabei. Kurz darauf kehrt er zurück und legt mir ein Blasenpflaster hin: „ Damit du morgen noch laufen kannst!"

Ich finde das total lieb, gebe es aber zurück.

"Ich habe auch Blasenpflaster dabei und schon eins aufgeklebt. Vielleicht benötigst du es irgendwann noch selbst, was ich allerding nicht hoffen will," erkläre ich.

Unser Gespräch führt uns von einem Thema zum anderen und plötzlich registriere ich, dass es fast dunkel ist. Langsam beginne ich zu frieren. Ich erhebe mich mit steifen Gliedern und verabschiede mich von Tim: „ Ich glaube es wird Zeit für das Bett. Bis morgen zum Frühstück."

Nachdem ich mein Zimmer erreicht habe, merke ich wie müde ich wirklich bin. Schnell noch eine SMS an meine Familie, damit sie sich keine Sorgen macht. Ich habe versprochen, mich jeden Abend zu melden, wenn ich eine Unterkunft gefunden habe. Aber leider funktioniert das heute Abend nicht so wie gewünscht. Ich habe keinen Empfang. Da hilft es auch nicht, im Zimmer alle Positionen auszuprobieren und auf Stuhl und Bett zu klettern. Wahrscheinlich ist die Felswand neben der Pension der Grund. In meinem Zimmer steht aber ein Haustelefon. Nach dem Durchlesen der schriftlichen Anleitung kann ich schnell meine Schwester anrufen (die Festnetznummer habe ich im Kopf, im Gegensatz zu den übrigen Handynummern). Sie informiert dann alle weiteren Personen.

Als ich lang ausgestreckt im Bett liege, denke ich noch, hoffentlich träume ich nicht von Wildschweinen und Bären, die heute Abend auch Thema des Gespräches mit Tim waren und bin schon fast eingeschlafen.

Etappe 4 von Königshütte nach Wendefurth

Am nächsten Morgen erwache ich gegen 7.00 Uhr. Einen Wecker benötige ich nicht. Meine innere Uhr weckt mich spätestens nach acht Stunden Schlaf. Ich bleibe noch kurz liegen. Große schwarze, haarige Wesen haben mich im Traum verfolgt. Ich hätte beim Einschlafen nicht an wilde Tiere denken sollen. Jetzt bin ich hell wach und hüpfe aus dem Bett.

„ Aua", meine Füße.

Die Realität hat mich wieder. Vorsichtig bewege ich mich ins Bad und anschließend in meinem Zimmer, um die Füße an die Belastung zu gewöhnen. Da helfen jetzt wohl nur wieder Blasenpflaster und zwei Paar Socken. Nachdem ich meine Wanderkleidung angezogen habe, wende ich mich meinen Wanderschuhen zu. Ganz vorsichtig, damit nichts verrutscht, stecke ich die Füße hinein und schnüre sie zu. Überraschender Weise macht sich die große Blase an der rechten Ferse fast nicht bemerkbar. Schlimmer sind die beiden Kleinen an den Außenseiten beider Füße. Ich beneide in diesem Augenblick Tim, der überhaupt keine Probleme mit den Füßen hat, wie er gestern sagte.

Auf geht's jetzt zum Frühstücksraum. Es wird schon und muss auch gehen. Vorsichtig überquere ich die kleine Wiese vom Nebengebäude zum Restaurant und werde schon freundlich von der Dame empfangen, die gestern an der Rezeption meine Daten entgegen genommen hat. Sie führt mich in einen Teil des Restaurants, wo ein Frühstücksbüffet aufgebaut ist und weist mich an einen Fensterplatz für zwei Personen.

„ Darf ich dem jungen Mann, der gestern Abend mit Ihnen zusammen saß, den zweiten Platz anbieten, wenn er zum Frühstück kommt?" fragt sie mich.

Warum sollte ich ablehnen? Ich verschaffe mir einen Überblick über das Angebot und beginne mit dem Kaffee. Kurz nach mir erscheinen die beiden Wanderkollegen vom gestrigen Nebentisch und wünschen allen einen „Guten Morgen", bevor sie sich an den nächsten Fensterplatz setzen.

Ich genieße mein Frühstück!

Der Frühstücksraum füllt sich immer mehr. Es ist kaum noch ein Platz frei und viele der Gäste haben kleine

Wanderrucksäcke dabei. Ich bin überrascht, dass es hier so viele Wanderer gibt.

Unsere nette Gastgeberin erscheint erneut, Tim im Schlepptau, der sich anscheinend wundert, dass sie so zielstrebig den freien Platz an meinem Tisch ansteuert. Ich muss ein Schmunzeln unterdrücken.

„ Guten Morgen, gut geschlafen", gilt ihm meine Begrüßung.

„Ja, sehr gut. Da habe ich doch fast verschlafen", erwidert er und setzt sich an den Tisch.

Ich glaube ich sollte nicht gleich drauflos plappern, wie es morgens immer eine Angewohnheit von mir ist. Mein Tischnachbar scheint noch einige Zeit zu gebrauchen, um richtig wach zu werden. Also hole ich mir noch einen leckeren Kaffee. Als ich diesen fast ausgetrunken habe, fragt Tim mich, wie weit ich heute laufen werde.

„Bis nach Wendefurth zum Hotel Bodeblick" berichte ich. „ Der Inhaber dieses Hotels hat mir gestern doch tatsächlich empfohlen, von Königshütte bis Rübeland den Bus zu nehmen, weil die Strecke nur durch den Wald geht".

Wir können diesen Rat nicht nachvollziehen und wollen beide die gesamte Strecke bis Thale wandern. Tim will heute ebenfalls bis kurz hinter Wendefurth gehen und dann auf einem Zeltplatz übernachten. Die 5. und letzte Etappe geht morgen bis Thale.

Wir gehen beide nach draußen, Tim um eine Zigarette zu rauchen und ich gehe weiter zum Empfang, um meine Rechnung zu begleichen. Als ich wieder draußen bin, steht Tim noch da. Wir verabschieden uns voneinander und jeder wünscht dem Anderen „ alles Gute", in dem Wissen, dass wir uns wahrscheinlich auf der Tour nicht wieder treffen.

Ich hole meinen Rucksack aus dem Zimmer, gebe die Schlüssel ab und bin wieder auf dem Hexenstieg, der direkt an der Pension vorbei führt. Es geht über eine Brücke und dann nach links auf dem Fußweg neben einer Straße entlang. Doch bald führt der Hexenstieg wieder nach links über den Fluss und nach Überquerung eines Platzes geht es nach links in den Wald hinein. Auf der linken Seite fließt die Bode, wie der Reiseführer beschreibt. Ich laufe auf einem Forstweg. Der Untergrund ist sehr matschig; es hat in der vergangenen Nacht geregnet.

Eine andere Möglichkeit wäre gewesen, nach rechts abzubiegen. Hier verläuft eine Alternativroute über Hasselfelde. Ich habe mich auch dieses Mal wieder für die Originalroute entschieden, die über Rübeland führt. Entgegen der Meinung des Hoteliers in Wendefurth finde ich es interessant neben einem Fließgewässer durch den Wald zu gehen. Lasse dich nicht zu etwas überreden, mache dir selbst ein Bild, geht es mir durch den Kopf. Mit einem Lächeln auf den Lippen geht es voran. Der gelegentliche Schmerz an den Füssen wird ignoriert.

Es dauert gar nicht lange und ich befinde mich an der Überleitungssperre. Hier wird das Wasser der Bode aufgestaut. Durch die Fichten am Ufer hindurch wird der Blick immer wieder auf das Wasser der Talsperre gelenkt. Die Wolken haben sich größtenteils verzogen und sowohl der Himmels als auch die Bäume der Ufer spiegeln sich im Wasser.

Blick auf die Überleitungssperre

Nach einigen hundert Metern stehe ich auf der Staumauer und blicke staunend zurück auf die ruhige Wasserfläche. Eigenartiger Weise überträgt sich beim Blick auf das Wasser diese Ruhe auch auf mich. Nach einiger Zeit reiße ich mich von dem Anblick los und wandere weiter, immer noch an der Bode entlang. Allmählich senkt sich der Pfad hinab. Ohne irgendeine Vorwarnung stehe ich auf einer schmalen Straße. Gut, dass ich am Abend zuvor noch den Wanderführer gelesen habe.

Ich befinde mich auf der Straße von Rübeland nach Susenburg. Hier sollte man unbedingt auf den Autoverkehr achten, auch wenn er nicht übermäßig erscheint. Die Straße ist furchtbar schmal. Doch schon nach einigen hundert Metern biegt der Hexenstieg nach rechts in den Wald ein. Einen Forstweg kann man den sehr matschigen schmalen Weg kaum nennen. Immer wieder streife ich an Sträuchern und Büschen entlang, so dass meine Kleidung langsam nass wird, denn die Regentropfen hängen noch an den Ästen und Blättern. Regenjacke oder nicht, frage ich mich, weil es doch sehr warm ist. Ich laufe weiter, ohne die Regenjacke überzuziehen.

Langsam schlängelt sich der Pfad hinab. Teilweise überlege ich, wo ich hintreten kann, ohne dass meine Schuhe im Matsch versinken.

Soll ich barfuß weiterlaufen?

Mit der richtigen Einstellung fängt es an Spaß zu machen. Ich kämpfe mich durch und siehe da, an einer Wegegabelung muss ich mich leicht links halten und stehe auf relativ trockenem Grasboden. Allerdings geht es jetzt wieder bergauf und es wird immer wärmer. Der Weg ist sehr schmal und die nassen Grashalme durchnässen meine leichte Wanderhose. Das stört mich nicht mehr. Wenn die Temperaturen weiter so ansteigen, ist sie im Nu wieder trocken.

Bald öffnet sich der Wald und ich stehe auf einer Anhöhe, von wo aus ich Halden aus Kalk erkennen kann. In weiter Ferne, so scheint es, liegt der Brocken. Für die Wanderer wurde abermals ein hübscher Rastplatz mit Tisch und Bänken angelegt. Von den Höhen der Tiefensitte führt der Hexenstieg hinab Richtung

Rübeland. Leichten Schrittes geht es auf dem gut markierten Wanderweg voran. Rechts führt der Wanderweg an einem alten, idyllisch gelegenen, Friedhof vorbei. Bald geht es nach rechts durch ein Holztor und dann steht plötzlich ein riesiger Bär am Wegesrand – aber keine Angst, er ist aus Holz.

Ein imposanter Bär aus Holz

Davor sind mehrere Bienenkörbe aufgestellt. Ein Schild weist darauf hin, dass ich mich in einem Gebiet befinde, in welchem die Imkerei gefördert und Bienen geschützt werden. Der Weg windet sich nach rechts, doch auf der linken Seite verweist ein Schild auf eine Aussichtsplattform. Sie ist nur ca. 150m weit weg und ich beschließe, dorthin zu gehen. Die Belohnung folgt in

Form einer grandiosen Aussicht auf Rübeland, das unten im Tal liegt.

Aussichtsplattform Hoher Kleef

Weiter hinab geht es nach Rübeland. Auf meinem Weg durch den Wald komme ich an einem Imbiss vorbei. Für eine Mittagspause ist es auch heute noch zu früh. Nach einigen sehr steilen Metern hinab, bei denen ich aufpassen muss, nicht ins Rutschen zu kommen, stehe ich auf einer Straße, die in den Ort hineinführt.

Nach links geht es zu den bekannten Tropfsteinhöhlen: Baumannshöhle und Hermannshöhle. Doch unmittelbar vor mir zur Linken ist die Straße aufgerissen und große

Baufahrzeuge versperren mir den Weg. Ich sehe eine Frau, die in diese Richtung geht und frage sie nach dem Hexenstieg. Sie deutet nach schräg gegenüber:

„Dort unten verläuft der Weg. Sie müssen auf der anderen Straßenseite einige Stufen hinabsteigen. Und wenn Sie noch zu den Höhlen wollen, folgen Sie mir einfach. Wir Fußgänger können an der Seite an den Baumaschinen vorbeigehen."

Sie beschwert sich, dass die Straße schon seit Jahren fertiggestellt sein soll. Aber aus irgend einem Grunde muss immer wieder erneuert werden.

„ Man hätte die alte Straße behalten sollen. Damit gab es diese Probleme nicht", schimpft sie.

Ich bedanke mich und biege ab zur Hermannshöhle. In fünf Minuten beginnt eine Führung und ich beschließe spontan, an dieser teilzunehmen.

Eingang Hermannahöhle

Im Innern der Höhle

Wer noch nie in einer solchen Höhle war, sollte diese Chance unbedingt ergreifen, wenn sich die Möglichkeit bietet. Die ca. 60 minütigen Führungen sind sehr informativ und abwechslungsreich gestaltet.

Ich tauche ein in eine phantastische Märchenwelt. Gleich nach dem Passieren des Eingangs zur Höhle steht ein riesiger Bär vor uns, ähnlich wie in der Nähe der Bienenkörbe. Gott sei dank ist es nur sein Skelett. Vor etlichen Jahren haben sie in den Tropfsteinhöhlen Unterschlupf gesucht. Wir gehen auf glattem, aber nassem Felsboden, tiefer in die Höhle hinein. Überall dort, wo künstliches Licht auf die Wände fällt, glitzert es in den verschiedensten Formen und Farben. Stalgmieten und Stalagtieten – die Erinnerungen an den Erdkundeunterricht werden geweckt – in allen möglichen Größen und Formen begleiten uns auf den ausgewiesenen Besucherwegen. Manchmal glaubt man Kobolde, Zwerge, Türme und Schlößer zu erkennen.

Nach einer kurzen Wegstrecke stehen wir vor einem kleinen See, dessen Wasser glasklar erscheint. Hierbei handelt es sich um eine Spiegelung der Höhlenwände, hervorgerufen durch das Licht, erklärt unsere Führerin. Das Wasser selbst ist von trüber Konsistenz. Dennoch leben in diesem Höhlengewässer besondere Lebewesen. Es handelt sich um Grottenolme, die vor nahezu einhundert Jahren aus Istrien eingeführt wurden. Der See in der Hermannshöhle wird daher auch als „Olmensee" bezeichnet.

Leider konnten wir keine Olme im Wasser ausmachen. Jetzt geht es weiter eine steile Treppe hinunter. Mein breiter Rucksack, den ich auf dem Rücken trage, passt so gerade hindurch. Nur das Höhlensystem, welches für Besucher freigegeben ist, ist so gut passierbar und die Gänge sind an den meisten Stellen relativ hoch und breit. Das Höhlensystem erstreckt sich noch viel weiter in den Berg hinein. Dort haben nur Forscher Zutritt und diese müssen sich zum Teil auf Knien oder kriechend fortbewegen.

Jetzt stehen wir vor einem engeren, langen Gang. Die Höhlenführerin lenkt unseren Blick auf die linke Höhlenseite. Ein Meer von Stalagmiten in Form von verschiedenartigen Kerzen hat sich dort im Laufe tausender von Jahren gebildet. Immer wieder formt die Natur neue Gegenstände, die beim Rundgang die Phantasie der Besucher anregt. Die etwas größeren Höhlenbesucher (mehr als 170cm Körpermaß) müssen auf dieser Strecke doch ihre Köpfe einziehen. Der Höhlengang beschreibt eine 180 Grad Kurve und rechts von uns befinden sich in einer langgezogenen Niesche bezaubernde, einzigartg geformte kleine Stalagmiten. Man ist versucht, sie zu berühren, doch eine dicke Glaswand schützt sie vor der Hand der Menschen. Unsere Führerin erklärt, dass immer wieder Touristen die kleinen Gebilde abgebrochen haben, um sie als Souvenir mitzunehmen. Da die Natur für die Erschaffung eines einzelnen dieser Wunder hunderte von Jahren benötigt, musste diesem Gebahren Einhalt geboten werden. Es dauert nicht mehr lange und wir sehen das Bärenskelett wieder. Die Führung durch die Höhle neigt sich ihrem Ende zu. Die Besucher stellen sich zu einem Gruppenfoto auf und wer möchte, kann ein solches als Erinnerung erwerben.

Nachdem die Höhle mich und die übrigen Besucher wieder frei gegebe hat, macht sich bei mir wieder einmal der Hunger bemerkbar. Auf der gegenüberliegenden Straßenseite erblicke ich ein Eiscafe. Das wäre jetzt genau das Richtige. Ich folge der Straße, die hier die Bode überquerrt und stehe schon vor meinem Ziel. Da tritt ein Paar hinaus auf die Straße und die zierliche Frau spricht mich an:

„Hallo, wollen Sie hier auch eine Pause einlegen? Ich kann das Cafe nur empfehlen".

Mir steht wahrscheinlich ein großes Fragezeichen ins Gesicht geschrieben, als ich sie anschaue.

„ Sie erkennen mich nicht", lacht sie. „ Wir haben heute morgen auch in der Pension am Felsen gefrühstückt. Sie saßen dort mit einem jungen Mann am Tisch. Der hat uns auf dem Weg hierher noch überholt. Gehen Sie auch den Hexenstieg"?
Langsam begreife ich und bestätige ihre Frage.

„ Mein Mann und ich lassen unser Gepäck von Ort zu Ort bringen und wandern ein Teilstück des Hexenstieges", berichtet sie weiter.

Sie wundert sich noch, dass ich allein unterwegs bin und einen so großen Rucksack trage. Ich erkläre ihr, dass das so gewollt ist. Wir verabschieden uns und jeder geht in seine Richtung. Marion, so heißt die nette Wanderin, wie sich später herausstellen wird, winkt mir noch zu und schon stehe ich vor meiner Eistheke. Mit einem großen Eisbecher und einem Kaffee sitze ich kurze Zeit später auf der Terasse. Hier unten im Tal ist es schon nicht mehr ganz so warm. Das Paar und auch Tim sind nach mir aus Königshütte losgewandert. Alle drei müssen mich dann überholt haben, als ich die Führung in der Tropfsteinhöhle mitgemacht habe. Ich genieße meine Pause.

Nach einer halben Stunde raffe ich mich auf und gehe Richtung Hermannshöhle zurück, um den Einstieg zum Harzer Hexenstieg wiederzufinden. Aufgrund des Hinweises der älteren Dame finde ich ihn sogleich nach dem Passieren der Baustelle. Er führt auf einer Nebenstraße an gepflegten Häusern vorbei aus Rübeland heraus. Am Ende dieses Ortsteils geht er in einen ansprechenden Waldweg über; links begleitet mich weiterhin die Bode. Der Reiseführer bezeichnet diesen Pfad als Philosophenweg. Eine angenehme, leichte Wanderung bis Neuwerk nimmt ihren Lauf. Das Wandern kommt auf diesem Teilabschnitt einem Spaziergang gleich.

Kurz bevor ich Neuwerk erreiche, wird aus meinem Wanderweg einmal wieder eine Asphaltstrecke. Die Straße führt mich über die Bode in den kleinen Ort hinein. Die kleine Hexe hält mich an, nach rechts zu gehen. Nach kurzer Suche erkenne ich am Eingang einer sehr schmalen Gasse den weiteren Verlauf meines Wanderweges. Das Wandern auf solchen ausgewiesenen

Wanderwegen erscheint mir manchmal wie eine Schnitzeljagd, das Spiel aus Kindertagen.

Am Eingang der Gasse bleibe ich erstaunt stehen. Ich werde von einigen Hexen begrüßt – Hexenpuppen, die die Straße säumen. Manche sitzen auf Stühlen vor den Häusern, andere sind an den Häusern oder Bäumen befestigt. Schon habe ich wieder meinen Fotoapparat in den Händen und gehe fotographierend durch die Gasse.

Als ich Zweidrittel des Weges, der wieder ansteigt, hinter mich gebracht habe, treffe ich zwei Damen, die sich vor einem der kleinen, alten, urigen Häuschen stehend, unterhalten. Ich begrüße sie und bleibe bei ihnen stehen.

„Das ist ja eine wundervoll geschmückte Gasse", lasse ich verlauten.

Etwas verwundert, dass ich sie anspreche – oder vielleicht habe ich ja auch ihr Straßengespräch gestört -, fangen sie dann doch an zu lachen und eine von ihnen erwidert: „Sie müssen ja auch merken, dass sie sich auf dem Hexenstieg befinden."

Ich möchte wissen, ob sie sich so liebevoll um die Figuren kümmern und sie erzählt weiter:

„So groß ist der Aufwand gar nicht. Ab und zu müssen unsere Hexen neue Kleidung bekommen. Diese ist nicht so modern, aber beschwert hat sich noch niemand."

Sie wünschen mir noch viel Spaß beim Wandern und wenden sich wieder ihrem Gespräch zu.

Die Hexen von Neuwerk

Das Pflaster der Gasse geht an seinem Ende in einen Grasweg über. Rechts fließt jetzt die Bode und links erheben sich einige Häuser am Hang. Auch von dort grüßen mich die Hexen. Als die Bebauung endet, verschwindet der immer schmaler werdende Weg in den Wald hinein. Ich laufe jetzt nicht mehr durch einen reinen Nadelwald, wie zu Beginn meines Abenteuers. Der Anteil der Laubbäume nimmt stark zu. Der Untergrund ist wieder einmal sehr rutschig vom Regen und steigt beständig bergan. An einer Stelle des Weges muss ich eine kleine Furt überqueren. Ein größerer Stein in seiner Mitte macht es relativ leicht, sie zu überqueren ohne nasse Füße zu bekommen. Zwei kurze Sprünge und ich stehe drüben.

Gutes, festes Schuhwerk ist ein Muss auf einer solchen Wanderung, wie ich immer wieder feststelle. Meine Füße haben sich allmählich an die neuen Wanderschuhe gewöhnt und das Laufen wird von Stunde zu Stunde angenehmer. Die Schmerzen sind fast weg.

Im Verlauf meiner Wanderung versperrt plötzlich ein großer umgestürzter Baum meinen Weg. Drunter her kriechen kommt mit dem großen Rucksack nicht in Frage. Dafür bietet sich zu wenig Platz. Drüber her klettern geht wegen der zahlreichen Äste ebenfalls nicht. An der linken Seite versperrt das Erdreich mir komplett den Durchgang. Somit bleibt nur die rechte Seite. Dort kämpfe ich mich durch immer noch dichtes Astwerk und stehe plötzlich an einem Miniabgrund. Es geht ca. einen

Meter fast steil hinab auf den Wanderweg. Ich halte mich an einigen Zweigen fest und rutsche langsam mit meinem Gepäck hinab. Geschafft! Ohne dass ich auf den Knien oder einem anderen Körperteil gelandet bin.

Der Hexenstieg ist hier in seinem weiteren Verlauf nass und rutschig. Dann weist ein Schild daraufhin, dass man bei starkem Niederschlag nach links gehen soll, ansonsten führt der Weg weiter an der Bode entlang. So stark war der Niederschlag doch nicht, vermute ich. Außerdem möchte ich am Fluss weiter laufen und nicht einen größeren Umweg durch den Wald in Kauf nehmen. Ich nehme den direkten Weg und laufe geradeaus weiter. Es wird zunehmend matschiger und das Wasser der Bode kommt dem Weg immer näher. Ob ich mich richtig entschieden habe. Noch ein paar Meter und das Wasser der Bode steht direkt am Hexenstieg. Der Fluss ist an dieser Stelle über das Ufer getreten.

Ich gehe weiter, nun im wahrsten Sinne des Wortes, direkt am Wasser. Zwischen meinen Füßen und dem Wasser der Bode sind keine zehn Zentimeter. Durchhalten und weiter gehen auf dem schlammigen Untergrund lautet die Devise und dann weicht der Fluss langsam wieder vom Hexenstieg zurück. Ich habe es wieder einmal geschafft. Dieses ist keine neue Erfahrung auf meiner Wanderung. Bislang wurden alle Entscheidungen, die Anstrengung und Durchhaltevermögen verlangten, belohnt. Wie schon bekannt für den Hexenstieg, geht es nach einer

Bergabstrecke auch wieder bergauf. Der Weg wird trockener, dafür ist er sehr uneben. Schließlich lichtet sich der Wald und ich stehe auf einer großen Wiese, die von Hochspannungsleitungen durchschnitten wird. Mein Reiseführer beschreibt wieder einmal sehr genau den weiteren Weg.

„ Folgen Sie den Stromleitungen nach rechts!"

Das mache ich jetzt. Ein breiter Sandpfad unter mir windet sich – nun wieder bergab – Richtung Wendefurth. Es ist nicht sehr angenehm, unter den Hochspannungsleitungen zu laufen. Wie gut, dass dieses Teilstück nur sehr kurz ist. Zum wiederholten Male geht es in den Wald hinein. Dieser ist hier sehr licht und Wasser ist nicht zu sehen. Doch dieser Zustand hält sich nicht sehr lange. Ich befinde mich schließlich im Harz. Auf der rechten Seite schimmert es bläulich. Die Talsperre kündigt sich an. Noch einige Schritte weiter und der Blick wird auf eine riesige Mauer gelenkt. Es ist die Staumauer der Rappbodetalsperre, die von meinem Standpunkt aus gut zu erkennen ist. Ich wandere weiter an der Wendefurther Talsperre entlang, die davor liegt. Doch dann wendet sich der Hexenstieg ab und es geht noch einmal auf einem Waldweg hinauf Richtung Wendefurther Berg. Nach einer darauf folgenden 180 Grad Kurve geht es dann wieder Richtung Talsperre. An einer Stelle des Weges gibt es noch eine kleine Klettertour über Baumwurzeln und über kleine Höhenunterschiede hinweg, doch dann spaziert man gemütlich an der Wendefurther Talsperre entlang, der

Staumauer entgegen. Als ich diese erreiche, staune ich nicht schlecht.

Wallrunning nennt sich die Sportart, die von einigen wagemutigen jungen Leuten dort betrieben wird. Sie lassen sich an Seilen an der steilen Staumauer herab.

Wallrunning im Harz – ganz schön mutig

Von der Staumauer aus erkennt man bereits die einzelnen Häuser des Ortes Wendefurth. Hier ist mein nächstes Etappenziel. Ich muss nur noch meine nächste Unterkunft finden – das Hotel zur Bode.

Von der Staumauer geht es hinab in den kleinen idyllischen Ort und nach einigen Metern stehe ich vor der Bundesstraße 81, die der Hexenstieg überquert. Ich muss jedoch vor dieser nach links und sehe schon in ca. 100 m Entfernung mein Tagesziel.

Nach ca. 20 km bin ich glücklich, eine längere Pause einlegen zu können. Der Inhaber begrüßt mich freundlich – und nachdem ich ihm erzählt habe, dass ich doch den gesamten Weg von Königshütte über Rübeland hierher gelaufen bin – geleitet er mich zu meinem Zimmer. Es liegt im 2. Obergeschoß und man geht durch einige Flure, bevor man angekommen ist.

Nachdem ich aufgeschlossen habe, betrete ich mein Zimmer. Hier erwartet mich eine Überraschung. Zimmer ist gut, denke ich. Ich hatte ein Zimmer mit angrenzendem Bad erwartet. Jetzt stehe ich in einem kleinen Flur. Rechts davon führt eine Tür in ein geräumiges Wohnzimmer mit Couchgarnitur, Schrank und Fernseher. Geradeaus geht es in ein Schlafzimmer, in dem zwei einzelne Betten und ebenfalls ein Schrank stehen und links befindet sich ein renoviertes Bad mit Dusche. Hier könnte man es ohne weiteres einige Tage aushalten und nicht nur für eine Nacht und das Ganze für 35 € incl. Frühstück.

Es ist erst später Nachmittag und ich mache es mir, nach einer ausgiebigen Dusche, gemütlich. Nach dem Studium des letzten Wegeabschnittes, der morgen vor mir liegt und dem Fertigen meiner Notizen verspüre ich, dass ich – wie sollte es auch anders sein – einen Riesenhunger habe. Eine wirkliche Mittagspause hatte ich nicht eingelegt.

Der Weg zurück über die Flure in den Speisesaal ist schnell gefunden. Es haben sich schon einige hungrige Gäste eingefunden. In aller Ruhe studiere ich die Speisekarte. Es gibt leckere Schnitzel mit verschiedenen Kartoffelgerichten und auch Wild ist im Angebot. Doch ich habe ein Problem: ich esse kein Fleisch. Eigentlich hatte ich mich auf einen riesigen Salat gefreut. Da fällt mein Blick auf Backfisch mit Pommes Frites. Gerettet – Fisch esse ich und das sehr gerne.

Als ich auf mein Abendessen warte, betritt ein Paar den Raum und setzt sich an den Nebentisch. Es sind die beiden Wanderer, die ich in Rübeland getroffen habe. Meine Wanderkollegin und ich sind sogleich in einem Gespräch vertieft. Sie berichtet mir von ihren Wanderungen in Irland auf dem Dingle-Way und in Nepal. Auch in Deutschland war sie bereits mehrfach unterwegs. Die geführte Nepalwanderung hat sie zusammen mit ihrer Schwester gemacht. Dieses Abenteuer hat ihre Schwester in einem Buch beschrieben und es veröffentlicht.

Endlich kommt mein Essen und auch dasjenige meiner Tischnachbarn. Schweigend genießen wir es. Anschließend gehe ich mit einem Glas Rotwein auf mein Zimmer – ach nein, in mein Appartement – zurück. Es ist jetzt erst 20 Uhr. Noch darf ich mich nicht schlafen legen, denn dann bin ich mit Sicherheit um 5 Uhr ausgeschlafen.

Ich habe doch einen Fernseher, schalte durch die Kanäle und finde nichts Interessantes. Die Wiederholung einer Quizsendung lasse ich im Hintergrund laufen und widme mich nochmals meiner Wanderkarte. Irgendwann bin ich doch tatsächlich auf dem Sofa sitzend, mit der Karte in der Hand, eingeschlafen.

Jetzt ist es Zeit schnellstens ins Bett zu gehen. Bei geschlossenen Fenstern hört man kaum etwas von dem Verkehr auf der Bundesstraße und ich schlafe erholsam und traumlos.

Etappe 5 von Wendefurth nach Thale

Beim Frühstück treffe ich nochmals auf Marion und ihren Mann, meine Wanderbekanntschaft. Wir drei genießen unsere erste Mahlzeit am Tag. Dann breche ich auf, nachdem der Hausherr mir erzählt hat, dass nun der schönste Teil des Harzer Hexenstieges beginnt. Ich beschließe, mir selbst ein Bild zu machen. Zurück geht es an der Bundesstraße entlang bis zu dem Punkt, an dem ich gestern Nachmittag den Wanderweg verlassen habe. Heute Morgen überquere ich die B 81 und laufe noch ein wenig über die Straßen von Wendefurth, bevor es an der Bode entlang auf einem sandigen Wanderweg weiter geht. In der letzten Nacht muss es wieder geregnet haben, wie mir die tropfenden Blätter an den Bäumen und auch der etwas feuchte Boden mitteilen. Die Bode ist mittlerweile zu einem größeren Fluss angewachsen. Sie hat erheblich an Breite zugenommen und das Wasser scheint schneller zu fließen. Beide Ufer werden von Nadel- und Laubgehölzen gesäumt. Ich wandere auf der rechten Seite der Bode Richtung Altenbrack.

Wieder einmal versperrt ein umgeknickter Baum – diesmal ist es ein nicht allzu großer Laubbaum - mir den Weg. Unter dem Hauptstamm ist etwa ein Meter Platz und ich kann leicht drunter her kriechen.

Die Bode ist zu einem breiten Fluss geworden.

Nach einigen Kilometern sehe ich am Bodeufer das Hinweisschild auf eine Forellenzucht. Obwohl ich gelesen habe, dass man hier frisch geräucherten Fisch kaufen kann, überlege ich nur kurz und setze meinen Weg fort. Um diese Uhrzeit ist mir noch nicht nach geräucherter Forelle. Das Frühstück ist noch nicht so lange her und auf Vorrat möchte ich auch nichts mitnehmen.

Ich laufe unter einer alten Eisenbahnbrücke hindurch und an einem Stolleneingang vorbei.

versperrter Stolleneingang

Hinweistafeln deuten auf den vormaligen Bergbau in dieser Region hin. Der Wanderweg ist hier wirklich wunderschön. Am gegenüber liegenden Ufer erheben sich die ersten Häuser von Altenbrack. Einige erscheinen mir wie verwunschene kleine Schlösser.

Der Ort breitet sich am anderen Ufer der Bode immer weiter aus. Ich werde ihn mir aber nicht anschauen, denn die kleine Hexe führt mich am diesseitigen Ufer weiter. An den Tennisplätzen, der Minigolfanlage und dem Wohnmobilstellplatz erkennt man den Urlaubsort.

Links von mir führt eine Brücke nach Altenbrack hinein zur Waldbühne. Ich muss genau in die entgegengesetzte Richtung. Es ist ein steiler Anstieg auf einer Straße. Viel lieber möchte ich am Wasser weiterlaufen. Nachdem ich den höchsten Punkt dieser Anhöhe erreicht habe, geht es doch tatsächlich auf einem Graspfad in die Richtung zurück, aus der ich gerade gekommen bin. Ich gehe weiter und langsam öffnet sich die Landschaft immer mehr.

Wieder einmal überrascht mich der Harz. Die Berge sind zurückgewichen und Wiesen auf sanften Hügeln breiten sich aus. Dann höre ich das Läuten von Glocken. Am Rande einer Siedlung entdecke ich doch tatsächlich relativ große Ziegen, welche eine Glocke umgehängt haben. Es entsteht eine Atmosphäre, als wenn ich im Allgäu unterwegs wäre.

Wandelbare Harzlandschaft

An dem Ziegengatter vorbei laufe ich durch ein Ferienhausgebiet. Blockhütten in verschiedener Größe werden den Urlaubern als Unterkunft angeboten. Die Jägerbaude, eine Gaststätte, lädt zur Mittagszeit den Wanderer zum Verweilen ein. Obwohl wir jetzt Mittagszeit haben, treibt es mich doch weiter bis nach Treseburg. Hätte ich gewusst, wer zu diesem Zeitpunkt dort eine Pause eingelegt hatte, wäre ich wahrscheinlich eingekehrt.

Treseburg ist der nächste Ort, den ich erreiche. Direkt am rechten Bodeufer laden kleine Cafes zum Verweilen ein. Da es schon fast zwölf Uhr ist, denke ich, eine kleine Pause ist nicht schlecht. Außerdem ist das Ende meiner Wanderung nahe – leider. Bis Thale sind es noch circa 10 bis 12 km.

Innerhalb kürzester Zeit sitze ich mit einem Capucchino in der Hand in der Sonne und genieße den Tag. Mein Blick richtet sich zurück, um die Häuserfronten zu bewundern. Da erkenne ich zwei Wanderer und eine der beiden Personen winkt mir zu. Es sind Marion und ihr Mann. Sie legen ebenfalls eine Pause ein und setzen sich zu mir. Wie nicht anders zu erwarten, sind wir rasch in ein Gespräch vertieft. Da ich heute Nachmittag noch von Thale aus mit dem Zug nach Hildesheim fahren möchte, mache ich mich nach einer halbstündigen Pause erneut auf den Weg.

Bald geht es ins Naturschutzgebiet Bodetal. Es wird ein sehr beeindruckender Weg bis Thale werden. Zunächst ist der Weg noch eben. Rechts erheben sich mit Laubbäumen bewachsene felsige Gesteine. Links vom Weg geht es tief hinab in eine Schlucht, wo die Bode fleißt.

Ein angenhemer Wanderweg Richtung Thale

Dieses Teilstück des Harzer Hexenstieges ist gleichzeitig ein Naturlehrpfad. Es sind in regelmäßigen Abständen Tafeln angebracht, auf denen geologische und botanische Erklärungen festgehalten werden. Der Weg selbst wird immer steiniger. Kleine und manchmal auch größere Steinbrocken sind zu umgehen.

Eine Warntafel weist auf die Gefahren des Weges hin.

Ich nehme den Hinweis zur Kenntnis und gehe weiter. Auf dieser Strecke sind viel mehr Wanderer unterwegs als auf meiner bisherigen Route. Menschen aller Altersklassen kommen mir entgegen. Ich habe erfahren, dass viele Tageswanderer von Thale aus bis nach Treseburg oder Altenbrack laufen und dann mit Bussen oder Pkw zurückfahren.

Vorsichtig blicke ich nach linke ins Bodetal hinunter. Aus dem sanft dahinfließenden Fluß ist die reißende Bode geworden.

So ähnlich zeigt sich die Bode zu Beginn des Naturschutzgebietes

Obwohl der Hexenstieg nun schwieriger zu gehen ist, fasziniert er auch.

Blick zurück auf den Hexenstieg

Zwischenzeitlich steigt der Weg noch einmal ein wenig an, um dann über viele Stufen unterschiedlicher Größe hinab in den Bodekessel zu führen. Man sollte hier doch genau schauen, wo man seine Füße hinsetzt und trittsicher sein. Umso verwunderter bin ich, als mir ältere Damen und Herren mit Sandalen und leichtem Schuhwerk entgegen kommen. Nachdem der Bodekessel durchquert ist, stehe ich vor der Teufelsbrücke. Diese muss nun passiert werden. Am anderen Ufer der Bode geht es auf dem Hexenstieg weiter, direkt am Felsen entlang.

Teufelsbrücke kurz vor Thale

Nach einigen Metern stehe ich vor der Gaststätte „Waldkater" in Thale. Hier herrscht Hochbetrieb, auch im Außenbereich. Mein Weg ist noch nicht zu Ende. Ich laufe auf einem schönen breiten Weg weiter und gelange, nachdem ich nochmals die Bode überquere, in den Kurpark von Thale. Die vielen Menschen bin ich nach der doch teilweisen einsamen Wanderung nicht so plötzlich gewohnt. Es drängt mich weiter Richtung Bahnhof. Wenn ich mich beeile, erreiche ich noch den nächsten Zug nach Hildesheim. Am Bahnhof werde ich ein letztes Mal zum Abschluss meiner Wanderung überrascht werden.

Dann sehe ich ihn – den Bahnhof. Die Fahrkarte wird schnell gekauft und ich muss noch einige Minuten auf dem Bahnsteig warten. Als der Zug eingefahren ist, kann ich einsteigen und mir einen bequemen Platz suchen. Der Zug ist fast leer und es dauert noch ca. 10 Minuten, bis er wieder abfährt. Ich habe es mir gerade gemütlich gemacht und bin froh zu sitzen, als ich höre, dass eine weitere Person einsteigt und sich auf der anderen Seite des Ganges in den Sitz fallen lässt. Bislang habe ich mich mit meinem Reiseführer beschäftigt und noch nicht hochgeschaut.

Da höre ich ein: „ Hallo Anita".

Erstaunt, dass mich jemand mit Namen anspricht, schaue ich auf und erblicke Tim.

„ Wie cool ist das denn, dass wir uns hier am Ende unserer Wanderung im Zug noch mal treffen", sage ich spontan.

Beide haben wir es noch nicht realisiert, dass wir den Harz zu Fuß durchwandert haben. Tim hat die letzte Nacht auf einem Campingplatz bei Wendefurt verbracht und fast kein Auge zugemacht, wie er erzählt. Es ist ein Reiterhof, auf dem Asylbewerber untergebracht sind. Als dort spät abends Ruhe eingekehrt war, kam Wachpersonal mit Hunden, was in der Nacht doch für etwas Unruhe sorgte.

Dann berichtet Tim von der Jägerbaude, in der er mittags eine Pause eingelegt hatte. An dieser war ich zu diesem Zeitpunkt vorbeigewandert. Wir tauschen unsere Wandererfahrungen auf dem Hexenstieg aus. Ich würde ihn jederzeit noch einmal gehen. Tim geht es auch so, aber wahrscheinlich würde er ihn nicht alleine gehen. Der Zug hat sich bereits vor einiger Zeit in Bewegung gesetzt und es steigen an den einzelnen Haltestellen immer mehr Personen ein.

Tim gibt mir zu verstehen, dass er an der nächsten Haltestelle umsteigen muss. Ich muss noch weiter bis Halberstadt und dort in den Zug nach Goslar wechseln. Dann ist es soweit, Tim verabschiedet sich und verlässt den Zug. Auf dem Bahnsteig dreht er sich noch einmal um und grüßt. Ich winke zurück und der Zug setzt sich in Bewegung.

Als ich im Zug nach Goslar sitze, erblicke ich in der Ferne den Brocken. Dort oben bin ich gewesen. Dann überkommt mich ein melancholisches Gefühl, dass die

Wanderung zu Ende ist. Ich weiß schon jetzt, dass ich im Frühjahr 2016 wieder loswandern werden – den Störtebecker Weg an der Nordseeküste entlang.

Anmerkung zur Planung

Rucksack: Ich habe mich für einen Rucksack der Marke Deuter entschieden, nachdem ich verschiedene Modelle in Sportgeschäften ausprobiert habe. Er besitzt einen Regenschutz, was ich nur empfehlen kann. Die Anprobe sollte mit gefüllten Modellen erfolgen. Er verfügt über ein Tragesystem, welches eine Anpassung an die Körpergröße des Wanderers ermöglicht. Die Größe hängt davon ab, ob man mit Zelt und Luftmatratze wandert und noch sonstige Extras mitnehmen möchte. Aber Achtung: jedes Gramm muss getragen werden.

Inhalt:

(bei Übernachtung in Herbergen, Pensionen u.ä.)

Regenkleidung (Jacke und Hose oder Poncho und Hose)

Wanderhose und T-Shirt

Fleecejacke / - pullover

4 Paar Wandersocken

Unterwäche (2 mal)

Mütze oder Kappe, Schal

Funktionsunterwäsche (lange Hose und Shirt) als Schlafanzug. Kann auch bei Kälteeinbrüchen unter der Wanderkleidung getragen werden.

zwei Handtücher (am besten Outdoortücher wegen des Gewichtes)

Kulturbeutel mit folgendem Inhalt : Zahnpasta, Duschgel, Schampoo, Gesichtscreme, Bodymilk, (alles kleine Probepackungen)

Kamm, kleine Reisezahnbürste

einige Sicherheitsnadeln, Blasenpflaster, Schmerztabletten, Zinksalbe, Nagelschere

Taschenmesser, Plastiklöffel (Outdoor), mehrere kleine Müllbeutel zur Abfallentsorgung, Metalltasse

eine Plastikflasche mit 1 Liter Wasser (wichtig – immer auffüllen)

Lebensmittel: Müsliriegel, Kekse, Schokolade, Äpfel, Teebeutel, Kaffeepulver (Sticks mit Milchpulver, es muss nur Wasser aufgegossen werden),

Magnesiumbrausetabletten

Fotoapparat, Handy, Batterien, Ladekabel

Papiere: Personalausweis, Jugendherbergsausweis ab
Torfhaus, Bankkarte, Impfpass, evtl. Führerschein, Liste
mit wichtigen Telefonnummern und Adressen (falls das
Handy streikt) ein wenig Bargeld (nicht überall kann
mit Karte bezahlt werden)

Wanderkarte

Der Weg

Ich bin den Harzer Hexenstieg in 5 Tagen gegangen. Es ist durchaus möglich, eine andere individuelle Einteilung vorzunehmen. Wichtig ist dabei, am Ende einer jeden Etappe eine Unterkunft zu finden und am Besten im Vorfeld zu buchen, da der Harz ein beliebtes Urlaubsziel ist. Der Hexenstieg kann auch in einzelnen Tagesetappen zurückgelegt werden, so dass man am Ende einer Etappe wieder den Heimweg antritt.

Meine Unterkünfte:

- **Campingplatz Prahljust (Ferienzimmer)**
- **Jugendherberge Torfhaus**
- **Pension Am Felsen Königshütte**
- **Hotel Zur Bode Wendefurth**